英語から日本が見える

小比賀 香苗 著

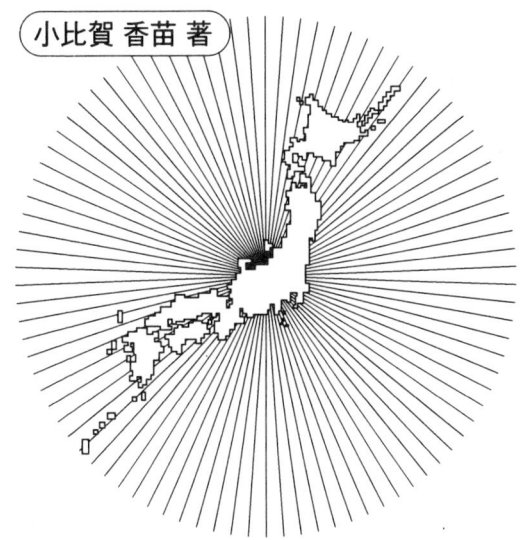

大学教育出版

はじめに

　人間にはアンテナがある、と言えば、宇宙人のように思うかもしれないが、我々は意識的にも、無意識的にも、身体の周りに、五感ばかりではなく、第六感あるいは共通感覚のようなもの、あるいは延長自我としても、まさに針千本のように、感覚や知覚のアンテナを触覚、あるいは感覚ネットとして張り巡らせている存在なのである。

　しかし、「心ここにあらざれば、聴けども聞こえず、視れども見えず、喰らえどもその味を知らず」という文言にもあるように、意識が入っていなければ、それらの感覚網も充分に働くことはなく、感得までには至らない。それ故、良く言えば、我々は自分の心に従って、悪く言えば、恣意的に、見たいように見、聞きたいように聞く存在なのである。

　それ故に、好きな人は他の人より意識が強く入っているので、たとえ雑踏の中でも、いち早くその姿を見分けられることになり、その声も良く聞き分けることができるのである。それが証拠に、テープで録音した音を起こしたときに誰しも経験していると思われるが、機械は周りの雑音までも、全ての音をまんべんなく公平に、つまり選択をせずに拾っているので、かえって聞き取りにくい。

　これに対して、我々の耳や眼は聞きたい音や見たいものだけを

選択しているのである。つまり、我々人間は元来意識的存在なのである。このことは、自分の赴くところを恣意的に意識し感得していることから、恣意的な存在でもあることになる。

そこで張り巡らされたアンテナにヒットするものだけを感得するとすれば、二重の恣意的意思が働いていることになる。ヒットしたものを取捨選択することと、その基になる張り巡らせたアンテナ自体も実は恣意的なものであるからだ。興味あるものを選び取る場合にも意思は働いているが、興味を抱くこと自体も恣意的なことであるからだ。同じことを見たり聞いたりしても、自分の興味次第で関心を示したり、示さなかったりする、実に勝手であり、恣意的で非情な存在なのである。よく、「縁無き衆生は度しがたし」と言うけれども、きわめて自分本位な存在を肯定し、他者を情け容赦なく切り捨てる存在であることをも表している。それ故に、たとえ恣意的であっても、興味や意志を持つことによって、情報や知識は自然に集まってくるように感じられるものである。

確かに、初めは、雑多なものが存在し、それらは何となく意味もないのに集まっている（gather）ように思われる。ところがそのうち集まってくるものが貯まってくると、そこに自らのコンセプトのようなものが構築されていることに気づくようになり、さらに興味は増してきて、意識的になってくる。やがて、そこには自らの価値観も反映されて、collectしていることに気づくようになるのである。そうなればすでにcollectorとなっているの

である。

　しかし、初めからの収集家はいない。何となく好きで始まった収集から、やがてこだわりが生じ、そこから興味が喚起されて、強い意思や興味が働き始めるのである。するとそれまで何でもないものが意味を持ち、付加価値を発揮し始めるのである。こちら側もそれらに意味や価値を付加して、今まで見えなかったものが見え始める。まるで向こうから集まってくるように感じるのは、このことである。parabola（パラボラ）アンテナもあるのだが、人間には恣意的ということでも、全方位に公平に向かっているアンテナは存在しないものであり、その方向は個性的に偏向してくるものである。恣意的な偏向と聞けば、すぐに歪んでいるとか、正しくない、と結論付けられるかもしれないが、disinterestedness「公平無私」の態度は、あくまでも理想の境地であり、言葉だけのことであろう。そこでむしろ開き直って、モラル・ハザードを引き起こさない範囲での偏向や歪みこそ、個を個として存在させることができる根拠、つまりレゾンデートルと考えるべきであろう。

　このような形での英語の落ち穂拾いは、『ボキャ・プレからの翻訳ワークショップ』（大学教育出版、1999.5.）の中ですでに取り扱っている。したがって、ここに扱っているものは、第一弾以後の生活の中で見つけたものや、出会ったものであり、さらに進化や深化しているものもあれば、補充的なものもある。日々これ発見の毎日ではあるが、まるで自分の毎日の一里塚のように、

あるいは賽の河原の石積みか、地獄の石積み人シジフォスのように、一つ一つ積み重ねてきたものである。

　それを証拠づけるのは、それぞれの章のファイルの総編集時間や更新回数を見れば明らかである。それ故、決して高邁で高尚な理論ではなく、世俗的で、現実的な社会の現象の一つの証拠にすぎない。世界そのものではなく、一部に過ぎないことからも、偏見である。そして、全ての中に私自身がいることからも、恣意的なものである。だから、すでに説明してきたように、落ち穂集とは言っても、自ら張り巡らせたアンテナにヒットした種々雑多なものの中から、恣意的な目的をもって選び集めた「コレクション」の中の「セレクション」であることに変わりはない。それ故に、やたら日本語の中に英語が混じり込んでいるということでJaplishと批判された時代から、いよいよpidginかと迫る勢いのあるこの時代背景こそは、これらの英語を通して、日本語や日本文化との比較や相違から、改めて双方を見直すだけに留まらず、文化の貯蔵庫としての語彙は蓄積された過去をベースにして、現代という時代を観察することにもなる。

　さらにその上での考察は現代のみならず、未来を構築する思考枠を想定することにも繋がるのである。まるで人間の進化の過程を日本語あるいは日本文化の中に散見される英語、つまり英語の落ち穂から見ていくことから、常に後ろ向きの物語を求めていることになり、「アーカイブズ」の発掘であり、「考古学」と切り捨てられるものかもしれない。さりとて、未来はここを視点に推測

することから始めるしかないのである。だからこそ、英語から見る「日本考未来学」をも見据えている「英語から見える日本考現学」なのである。

英語から日本が見える
―― 英語考現学 ――

目　　次

はじめに　*1*

第1章　語彙の差異 ……………………………*11*
（1）語彙の分節化と差異化　*12*
（2）語順の妙　*18*
（3）Denotation & Connotationの違い　*21*
（4）表現と意味の乖離　*26*
（5）間違いやすい言葉　*34*
（6）言葉遊び　*51*
（7）和製英語　*61*
（8）対　語　*65*
（9）比喩と象徴　*71*
（10）文　化　*75*
（11）誤　訳　*79*
（12）新　語　*81*

第2章　語源問題 ……………………………*86*
（1）自　然　*87*
（2）果　物　*89*
（3）ルーツの差異　*91*
（4）人を表す語彙　*94*
（5）生活 — Miscellany —　*98*
（6）略語・愛称　*105*
（7）Magic Number　*110*
（8）動　物　*112*

第3章 発音問題 ……………………………………………*114*

（1）習慣や思い込みからの間違い　*114*

（2）国名・地名の発音　*126*

（3）人　名　*129*

（4）綴りと発音の距離　*131*

（5）アクセント等の問題　*135*

（6）カタカナ語の問題　*136*

第4章 相違見極めシリーズ …………………………………*140*

　あとがき ── 個別性から匿名性へ ──　*160*

第1章　語彙の差異

　すでにユーロ熱も冷め、一部の国の脱退のうわさも聞こえてくるようになったが、ジャーナリスト田原総一郎氏によれば、ユーロではドイツ人とフランス人が英語でやり取りしていることからも、さらに最近のIT革命と呼ばれているインターネットの繁栄振りからも、公用語は英語であるとして、大学で学ぶべきものは英語と歴史だと断言していた。

　そう言えば、あの外国語嫌いのフランスでさえ、小学生に英語を導入したことでも、世界の流れは明らかである。もちろん英語と言ってもカレントなものであり、コミュニケーションの手段で、道具としての英語であり、経済戦争における武器としての英語である。歴史も過去の事件の集積史としてではなく、過去の経緯と時代認識としての歴史である。もちろん、語源的には、knowledge gained by inquiry「探求によって得た知識」のことである。ところが、フランス語やドイツ語では、歴史と物語は同じ語彙で表し、英語でも物語storyは歴史historyの中に含まれている。そして16、17世紀には小説の題名に「〜物語」として"The History of 〜"と付けていたのである。要するに、英語で

も元々は歴史と物語は同じであったのである。このことから、歴史とはある視点から語っている物語ということになる。

最近の narratology「物語論」から言えば、人間は物語で思考し、物語を生きているのであるから、歴史にも、儀式にも、テクストにも、そして語彙の背景にも、大小の物語があるのである。語彙というものは世界の分節化と関わっている。物の少ない単純な文化背景の中では、単純な語彙だけで世界を説明することが可能であるが、世界が複雑化するに連れて、その説明手段としての語彙はその数を増していくことになる。さらに一つの言語から多種の言語に分化していく過程は、進化論的な説明ができると考えられる。もちろん、fundamentalists には真っ向から反対されると思われるが、狭い範囲の同じ土地で、同種族で集団生活していた場合に必要な言語が、物理的な距離によって次第に方言化し、それが大きな差違を生み出して、やがて異種の言語に成長していったと考えられるからである。

(1) 語彙の分節化と差異化

J. ガルブレイスの「楽観論の誘惑」という言葉を耳にすれば、危機管理は常々怠るべきではないが、最近、失業率が高くなり、自殺者が増えているなどとして、妙に世界恐慌時の映像を目にすることが多い。その中で失業者達が胸に"unemployed"と書かれているプラカードをつけて街頭に物憂げに立っている姿に

はとても現実感がある。解雇されて失業状態にあることであり、名詞のunemployment（失業）とは全くニュアンスが異なり、仕事がしたい、という気持ちが強く感じられる。その反対に、仕事がなくて仕方なく仕事をしていない状態はidleであり、仕事があってもしたくない怠け者は、常に悪い意味での"The lazy"が使われる。したがって、明らかにLadyとのpun（言葉遊び）であるLazy Susanは、怠け者だからこそ、あの便利なアイデア商品、中華の回転する盆状テーブルを考えついたのである。やはり、Necessity is the mother of invention.（必要は発明の母）なのである。景気は底を打ったと言われながらも、依然として不況感のある現状では、改めてこのような差異を確認するのもまた深刻なものである。

　日本語では、薬局と薬舗とでは、厚生労働省の認可の段階で薬剤師が義務づけられているかどうかで分かれている。最近の英語やカタカナ語でのネェイミングでは区別がつかない。例えば、アメリカ的としてはdrugの「Jドラッグ」、また英国的としてはpharmacyの「第一ファーマシー」などと、生鮮食料品を扱わないスーパーマーケットといった店もあり、ますます判別し難くなっている。英語圏では、米国ではdrugstoreとしているのに対して、英国ではchemist's shopとしているところから、英国では薬だけの専門店であり、米国では種々の雑多なものまで販売していることが、shopとstoreからも類推できる。コンビニがshopではない理由もこれで理解できるというものだ。そこでshopとい

う小売店が集まってstoreになるという分類方法もある。このように分類法によって語彙の分節化の方向が異なっていることが理解される。そこで同じ語彙が様々な方向へと拡散したり、統合したりしているのである。

キリスト教では教会であるが、それ以外では寺院と使い分けている。英語でも、churchに対して、キリスト教以外の寺院はtempleとして区別している。

江戸時代には「風呂屋」と「湯屋」に分かれていて、今の銭湯が湯屋にあたり、風呂屋とはサウナのように蒸気で蒸すところであったそうである。ところがどういう訳か湯屋という言葉は廃れ、両方の用途を風呂屋で表現するようになったのである。語彙の質的差違はその一例である。

物事を区別し、細分化し、専門化していく度に、その差異のための語彙が必要となる。そこでルーツの異なる語などで、差異化された部分を補充していくのである。二つが生じると比較が生まれて、二つの差異表現で済むはずのところが、優・良・可・不可とか甲・乙・丙・丁としたり、秀・優・良・可・不可と分化するにつれて区別が必要であり、その語彙も必要となってくる。英語でも、goodとbadから、not goodやno goodの範囲まで差異を深めている。5段階評価は英語圏から入ってきたものであり、A＝（Excellent）、B＝（Good）、C＝（Fair、Average、Satisfactory）、D＝（Passing）、F＝（Failure）とか、Fairを「可」として、Excellent、Very Good、Good、Fair、Failureと

している場合もある。

　つまり、文化の深度が深まるほどに、差異の区別をつける語彙が必要となるのは、ことほど左様に当然のことなのである。そこで、例えば、同じ盗るにしてもrobは暴力や脅迫によって奪い取るのに対して、stealはこっそりと人の物を盗ることであり、さらにdepriveは抽象的なもの、例えば地位や権利などを奪うことに分かれている。smallやlargeのように単に物理的な大きさを比較しているものもあれば、immenseやhugeのように量的な広がりとしての大きさもあれば、数や量やかさの大きさを表すvastやmassもある。さらに、stupidは生まれつき愚かであることも表すが、意識が及ばない状態、つまり「理性の麻痺」を表す場合もあり、またfoolishの場合は一般的なので、あまり軽蔑的ではなく、foolは恋愛状態も指す。つまり、自分で自分のコントロールが利かなくなっている状態であり、何かに没頭し、耽っている状態をも表している。その点では、indulgenceにも関連していくかもしれない。この語彙には教会が乱発した免罪符の意味まである。さらに、どういう訳かThe Simpson'sを想起してしまうsimpletonも悪い意味ばかりではない。またdullは鈍感であり、sillyは知能の低さを示していて、absurdは道理に合わない、不条理を表している。

　departureやcommenceなどのラテン系に対して、startやbeginなどのゲルマン系のように、ルーツから公的な言葉と日常語とに分かれている場合も多い。例えばラテン系のconcealに対

して、古英語つまりゲルマン系のhideがあり、前者が「隠蔽する」なら、後者は「隠す」である。また三度という場合、three timesなのか、thriceなのであろうか。日常語としては、three timesであり、文語ではthriceである。そこで日本語でも、前者が「さんど」なら、後者は「みたび」としたい。その点、oldで「古い」と「いにしえ」としているが、ancientに「大昔」だけではなく、「いにしえ」を与えるのは難しいだろうか。

たとえ意味は類似していても、その結果によって差異化がなされていることもある。例えば、決定するにもdecideやdetermineやresolveなどがあるが、結果を伴うのはdecideだけであり、決めて、それに従うことまでをも表している。ところがそれ以外の語は決めたことを強く確信したり、決心したりするまでのことであり、結果にまでは言及していないのである。

接尾語や接頭語を付加することによっても、言葉は分節化されていく。例えば、backでは「奥地・未開地」を表す言葉だけでも、outbackやbackwoodsやbackcountryなどがある。さらに映画の題名にもなったbackfire「逆燃え」もある。

かつて日本にも「公・候・伯・子・男」という貴族階級制度があったが、いまだに英国には存在している。例えば、あの有名な探偵小説家はSir Arthur Conan DoyleであるとかLord TennysonやLord Byronとか、*The Lord of the Rings*『指輪物語』や*Little Lord Fauntleroy*『小公子』などがある。これらの称号の中にも、sirとlordでは、当然ロードの方が格の高い貴族

であり、さしずめ公爵に当たっているように思われる。そこで大文字でLordとすれば神となるのである。

　差異と言えば、同じ教える人でも、水泳や英会話などの特殊な技術を専門的に教える人はinstructorであり、学校等で学科目を教えるとともに、生徒の生活をも含めて全体にわたって指導を行う場合にはteacherと呼ばれている。したがって、塾にはinstructorがいて、学校や寮にはteacherがいることになるようである。そこで難しいことや込み入ったことを教えるのはteachであり、道などを教えるのはtellとかshowを使用している。

　そう言えば、人の群をgroupとして使っているが、普通英語では「特攻野郎A-team」やproject teamのようにteamであり、groupは動物や物の群として使っていることが多いので注意すべきである。

　ところで、形式張った高級レストランになればなるほど注文時に時間がかかることをご存じだろうか。確かにファミレスは迅速対応を旨としている。実は散髪屋、いやhair salonあるいはbeauty salonと言うべきであるが、これまた、やたらどのようにするのかを聞いてくる。そう言えば、かつてはbarber-surgeonとして、外科手術や歯の治療までも床屋で行っていたのである。その名残が、あのくるくる回る床屋の看板に残っている。古来より縄文田舎人は「まかせるよ」で良かったはずであるが、このチョイスのルーツは英米のものである。このようにチョイスできることこそ、丁寧さの証であり、サービスと考えているからである。

そういえば昨今の語彙調査で行政はサービスという言葉が大好きであり、一番数多く使われているとのことである。このような背景の中で、語彙や表現方法が差異化し分節化していくのは、文明の進展や深化の証であることも含めて、極めて自然な現象と言うべきか、それとも面倒な手続きと言わなければならないのか。

　最初はみずみずしい言葉も、使っているうちにだんだんと手垢がつくように言い古されて新鮮な感動が得られなくなる。生き物である言葉は栄枯盛衰の憂き目に会うのであり、生態学的な範疇にもあるのである。つまり、同じ意味の新しい言葉が次々に生まれてくるのである。それは生き生きとした新鮮な言葉であり、生きているのである。例えば、driveするという意味で、spinを使用するのもこの範疇に入る。またspinと言えば、ハイテク技術の漏洩が問題となっているが、spin onは、民間のハイテクが軍に入ってくることであり、spin offは、軍から民間に出ていくことを表している。

　米国の優良企業のことをa big blue-chip companyと表現しているが、このblue-chipとは株式がかなり確かなこと、つまり「優良株」からきている表現である。

(2) 語順の妙

　『サンデー毎日』という週刊誌がある。決して「毎日サンデー」としてはならない。おそらくサンデーの綴りは、アイスクリーム

のsundaeではなく、日曜日のSundayであろう。毎日サンデーならば毎日が形容になり、文字通り「毎日のように日曜日」とか「毎日が日曜日」となる。毎日が日曜日と言えば、退職者か暇人の毎日のことであり、一見、快く聞こえるが、よく考えればマイナス語に響いてくる。もしこの名前ならば、読者も馬鹿にされているように思ったかもしれない。一方、サンデー毎日の場合には、「サンデーのような毎日」となる。軽やかに晴れ晴れと仕事に励む毎日のような響きが感じられてくる。もちろんこれとても、本当に毎日これが続けば、「ハレ」と「ケ」の区別が無くなり、喜びも喜びと感じられなくなってきて、何とも味気の無い、締まらない毎日になるだろう。いずれにしても、どちらも能天気で、大差はないとして、こうありたいと思う御仁がほとんどであろう。だからこの週刊誌は売れるのであろう。

このように語彙は一定の順序の中に聞き習って覚え込まれているので、順序が替わるとリズムも変わり違和感を伴うことになるのである。例えば、東西南北の順序が替われば落ち着かないものである。一年間のブランクの後、安室奈美恵が小室等の「I Have Never Seen」で復帰したが、その中に、北へ、南へ、東へ、西へと求めて行く順序になっている歌詞がある。日本語から言えば、何か据わりが悪いように思われるかもしれないが、実はこれは英語での順序通りになっているのである。したがって、英語圏ではこの順序が自然であることから、小室氏が英語での語順を意識していることは間違いのないところである。

語順 collocation は、使用している間に一組のセットに連結してくる語彙の連結感に関わっているものである。例えば、bread and butter は「バター付きパン」であるところから、bread and milk は「ミルク入りパン」と思いきや、実はミルクの中にパンを入れた物であり、「パンがゆ」のことである。

　ところで野球でヒット・エンド・ランと使われているが、不思議だと思いませんか。先日も掛布氏の解説を聞いていると、日本の野球では「ラン・アンド・ヒット」と「ヒット・エンド・ラン」は異なっているようである。元来、打者が hit して、それを見て走者が run 走るのなら当たり前のことであり、それが野球である。だのに、わざわざヒット・エンド・ランとはおかしい。run（走って）、and（そして）、hit（打つ）、これが本来の作戦である。そこで英語では、run and hit と書けば自然である。したがって、ヒット・エンド・ランは hit and run では誤りであることになる。そこで一語にして hit-and-run と一体化しなければ、走者がスタートし、同時に打者が打つことにはならないのである。もちろん同時と言っても、ピッチャーがピッチングの動作に入った途端に、という意味である。hit and run では and は追加的であったり、結果的であったりするので、同時性を明確に表現できないことになる。そこで発音も、「ヒット・エンド・ラン」という悠長なものではなく、「ヒッタン（ド）ラン」とコンパクトな一語になっているのである。

　ところで、サケが産卵のために一斉に河を遡上してくることを

Big Run と、カナダの地元の人が説明していた。そして、不景気になるとこんなところまで切り込んでくるのか、最近は running cost、つまり「経営費」の削減が問題となっている。

(3) Denotation & Connotation の違い

The story of Samuel Johnson, often known as Dr. Johnson, is an **unusual** one. Johnson was an **unusual** person. He looked **unusual**. He had **unusual** habits. He expressed his opinions in an **unusually** forceful or witty manner. Johnson is also **unusual** in terms of English literature, for although he is perhaps the best-known figure after Shakespeare,...... (John Dougill, *The Writers of English Literature*, Macmillan)

　この文章を読めば、普通でないことは、変であり、異常であることから、珍しい、並外れたジョンソン博士を想起させていることが分かる。イギリス人、特にイングランド人にとって、絶大な人気を博した人物を彷彿とさせているのである。このように普通ではないとか、並外れているとか、基準から外れている、と表現しても、優れて良い場合と悪い場合とがあるはずである。ところが、日本語では、普通とか、並外れていないことは、誉め言葉に等しく、それに対して英語ではあまり誉めていることではない。双方で悪い場合には異常 abnormal があるが、英語では、普通 usual とか、目立たないことは、個性的ではないので良くないこ

とになるのである。そこで良い場合にはexceptionalを使用して、an exceptional childとするが、この場合には能力が優れている優秀な子供のことを表しているのである。例えば、The early years of Romanticism were marked by the publication of *Lyrical Ballads*, a book of historic significance written by two men of **exceptional** talents – William Wordsworth and Samuel Taylor Coleridge. (John Dougill, *The Writers of English Literature*, Macmillan) のように誉め言葉として使われているのである。

ついでのことながら、これまで能力とはstockしたりstoreしているものと考えられていたが、実はflowなものなのである。つまり、static (静的) なものではなく、dynamic (動的) なものなのである。したがって、積み上げられていきながら、新たな連関を生み出していくので、決して停滞しているものではなく、常に流動的で有機的に生きているものなのである。それ故、過去の実績である業績と現在の能力とは別物であり、知識と知恵の相違と類似しているかもしれない。知識や意識を再編したり再構築することこそが、能力である。英語ではcanではなくabilityであること、つまり、「物事を成し遂げる力」であり、現実処理や対応能力のことなのである。

また価値語の中でも、マイナスの要素をニュアンスとして伴う言葉は手垢が付きやすい、つまりコノテーションが付加されやすいところから、新造語や新表現が生まれがちである。例えば、身体の不自由な状態を、crippleやricketyからhandicappedや

disabledへ、そしてa physical disabilityへ、そしてchallenged として、神から「挑戦されている」と変化している。人生に積極的に挑戦するということではchallengingがふさわしいと思われるのだが、「挑戦している」状態と考えると、「人生」に対して挑み続けているのであろう。

　同じ価値があるにしても、preciousとvaluableでは異なり、前者は金銭の問題ではなく、後者は金銭で量れるものである。絶頂期にもかかわらず、まさにその名前通り四年間で「スピード」解散をした彼女たちは、♯precious time♪♪と歌っていたが、timeはお金では量れないのでpreciousであることを、本当に理解しているのだろうか。ところでThe Critic is invaluable.と出てくると、どうしても否定的に「価値がない」となり、「評価できないほど貴重」とはなかなか出てこない。その点ではpricelessやtimelessやcountlessと同様に否定の接頭語や接尾語が付いているときには注意をしなければならない。日本人の発想や認識とは少しずれているように考えられる。

　例えば、work campsと聞けば、laborでなくworkであることからも、肉体労働のニュアンスも少なく、campも野営地から言えば、なんとなく日本人には過酷なイメージはあまりないように思われる。ところがこれが「ナチスの強制収容所」を表していると聞けば、語彙のイメージがあまりに異なるので、驚くことになる。ところでwork-houseもhouse of correction（教護院）のことであり、収容所とか施設と訳す場合もある。

またダイエットと言えば痩せるための食事、あるいは「痩せること」を意味している場合もあるので、拒食することを意味している。したがって、あるテレビ番組では「デブ専」を目指す「逆ダイエット」と称して、大食い競争をやっていた。また「ダイエット学院」と称する、集団でスリム化を目指す番組まである。ところが、dietはfoodの中でも栄養価を考えたものであり、治療や体重調節目的の「特定食事」あるいは「規定食」のことである。さらにdietといえば議会や国会を想起する人もいるかもしれない。

　家庭内暴力のことをdomestic violenceと言うが、日本では子供が親に対してふるう暴力のようなニュアンスを強く感じるのに対して、英語では夫が妻や子供に対して行う暴力のことを表しているのである。したがって、child abuseの範囲まで含まれている。最近はこちらの事件が多く聞かれるようになっている。ついでながら、日本では「嫁と姑」の戦いであるが、どういう訳か英語圏では「婿と姑」の戦いなのである。

　サピア（Edward Sapir）は*Language*の中で語の感情的色調（feeling tone）として取り扱っているが、嵐にもstormやtempestやhurricaneなどがあり、stormはあまり大きくないものであり、tempestは暴風雨であり、hurricaneは残忍さを持つ大きな暴風雨で、さしずめ台風のようなニュアンスがある。そして、何よりもシェイクスピアの戯曲*Tempest*を想起することであろう。

アメリカの国内観光の振興策 Discover America をまねて、旧国鉄時代に Discover Japan という観光キャンペーンが展開されたことがある。その訳語としては「日本再発見」であった。当然、アメリカ流に言えば「日本を発見しよう」という呼びかけでなければならない。ところで、この discover とか discovery は、最近では宇宙探査機名などで使われているが、17世紀のアメリカでは「金鉱の発見やそれに関わる情報収集」を意味していたのである。

　結局のところ、「大山鳴動ねずみ一匹」の感だったコンピュータ2000年問題で、英語では"Y2K"と略していたが、Yは year であり、Kは接頭語の kilo、つまり「1000」のことである。もし日本語流に略すならば"2KY"となるかもしれない。そうなれば大多数は、今は森総理に先を越されたことから、反旗を翻して、挑みながら尻窄みになってしまったK氏や総裁選に三度目の挑戦をしたK氏を含めたかつての気鋭の政治家達のイニシャルから、あるいはファスナー・メイカーとしての"YKK"を想起するかもしれない。ところで中国ではコンピュータ・ウィルスとの関連で考えているのか、この問題を「千年虫」と呼んでいるそうである。ところで、この2000年問題は日本ではあまり知られていないが、1000年に一度の史上最大の誕生パーティショー「千年祭」のことでもある。ラテン語のミレニアム（Millennium）「1000年の区切り」のことであり、キリストが地球に戻り、地球を治める期間を意味するものである。この様な意味でも2000年

問題は重要なことなのである。安室奈美恵の歌にもあるように、We're the people of the system of 2000. であるのに、世界は悲劇を引き起こし続けているのである。それこそ "Never End" である。沖縄サミットのテーマソングの題名であるが、forever や eternal のような肯定認識ではなく、否定的で消極的な認識方法がある。それ故、楽観的な世界観は感じ取れない。

(4) 表現と意味の乖離

文字通りに意味を取れば、かえって正しい意味内容から遠ざかり、ちんぷんかんぷんになってしまうことがある。意訳こそが正しい場合もある。使い慣れていると自然に使えるのであろうが、使い慣れていない場合や、文字から意味を経由して理解している段階ではこの手の表現の理解が一番難しい。論理的にその理由が明確になる場合と慣用的に使われている場合とがあるからである。もちろん、いくら慣用とはいえ、もともとはそこに物語があったはずであるが、今では辿れなくなっているのである。

バイリンガル (bilingual) とバイカルチュラル (bicultural) は国際化のベースになるものであるが、この二か国語を操る女性を、バイリンガルと引っかけて、「バイリンギャル」と呼称していた時期があった。また最近ではキャンペーンギャルを「キャンギャル」と呼び、なんとその中には街頭でのティッシュ配りまで入るのだそうである。そしてテレビ番組の「ワンダフル」に出演

している女の子を「ワンギャル」などとも呼んでいる。もちろん、ガールからギャルとかコギャルと短縮しているのであり、当然、軽蔑的な響を伴っていた俗語である。

　しかし、かつてニューヨークを風靡したValley Gal「カッペ田舎人」はVal Speak「田舎語」を話して、流行の先端にいたこともある。これも故意にみすぼらしい格好をとるbeggar fashionであったことは言うまでもない。最近のガングロやゴングロのヤマンバ娘とかパラパラ踊りのパラパラ娘がこの系統にあることから、日本は米国に比べて10年は遅れているようである。いずれにしても、Kidsからガキとかジャリへと繋がるように、galギャルは「ねえや」ぐらいの意味である。ところが最近ではそう呼ばれて、誰も嫌がらないのは、マイナス語と感じていないからである。結婚宣言の西条秀樹のかつての歌に「ギャランドー」があるが、本来は"Gal and do"からきているそうである。昼間はOLとして働き、夜はクラブで踊る、やり手の女性のことなのだそうである。

　おやじの方は、漫画家の富永一郎氏の「せっかちねえや」を思い出すか、ちょっと品のいい人なら、ワインレストランのギャルソンを思い浮かべるかもしれない。その点、クラーク教授のパクリである、**Hey Girls! Be ambitious!** と歌う方が丁寧なのである。かつては「お嬢ちゃん」という親しみが込められていた呼び方では、girlieを使っていたのだが、もうすっかり手垢ならぬ、世俗の垢が付いてしまっている。

ところで、It can't hurt. が「役に立つよ」という意味につながるだろうか。It won't hurt. が「何ともないだろう」となるように、hurt の「困ったことになる」という意味から、「困ったことにはならないだろう」とか、「困ったことにはなり得ない」となり、その上で、「役に立つ」という反転した積極的な意味となるのである。

　メジャーのベースボールチームが2000年の開幕ゲームを東京ドームでやったが、その名の通り、ワールドシリーズをアメリカから呼びかけられる時代になったのである。そんな中、ball park（球場）でballgameも定着しつつある。それが証拠に、歌にまで"Take me out to the ballpark." とある。あの沢村栄治も喜んでいるのではないか。かつて巨人で負け試合にかなり貢献していた投手がメージャーリーグへ行ったものの、言葉が通じないので番号でサインにしたそうである。その一番は、Watch out a big hit! で、「ホームランに気を付けろ」だそうである。決して、歌の「大ヒット」のことではない。そう言えば、テキサスの方では、Have a nice day! の代わりに、Watch out a cowboy! と言った時代もある。

　画家のJohn William Waterhouseもいたが、かつての同僚にMs. Waterhouseという女性がいた。その時にMr. Wordel という人もいたので、みんなで二人の日本語表記を考えたことがあった。ウォーデルだから、「魚出留」が良いのではないかと決めた後に、water house なら「水屋」はどうかと考えた。その時に、

まさか魚の家でもあるまいし、wood houseならいざ知らず、木曽川の低地地区に水対策用に建てられた「水家」もおかしい、もしかしたら水車に関係があるのではないか、と悩んだことがある。ところがV. Hamiltonの*Plain City*（1993）によれば、'It's that Water House child.' とあり、どうやらwater houseとは「水上の家」のことであるらしい。土地の上には住めない貧しい人達が川に杭を打ち込み、その上に家を建てて住んでいるようである。そう言えばカンボジアとかベトナムの水上生活風景の中で、この様な住居が映し出されていたことがある。

映し出されると言えば、紙の透かし模様を英語ではwatermarkと言うが、マークと言えばあのゴルバチョフのbirthmarkを想起するかもしれない。恐らく紙を漉くときに水中で模様を入れるのであろうか。本来マークとは「シミ」のことである。ところで水ついでに、pool barとかpool roomとか言ってもプールのついたバーやプール付きの部屋のことではない。もちろん、poolも水たまりと知れば驚くには足りない。ここでは、ビリヤードができるpool table（玉突き台）のあるバーや部屋のことなのである。

さらにwhite waterといえば、日本では市販されているところからsoft drinksを思わせるが、英語では文字通りの白濁した「白い水」のことではなく、白波とか、水が速く流れている際に白く見える状態のことなのである。そこで白いことを形容するsnowがある。例えば*Snow White*は『白雪姫』であり、ついで

に *The Red Riding Hood* は『赤ずきんちゃん』である。

　そして最近、石原都知事で話題の"Tokyo is in the red."は、東京が火事なのではなく、東京は赤字なのである。その反対の黒字は"in the black"となる。ところでhard drinksとはウィスキーのような強い酒のことであり、一般的にはdrinkで酒のことであり、決して清涼飲料水やスタミナドリンクのことではない。しかし、酒は酒でもウィスキーの場合には、spiritsと言っている。ところでもともと日本産のものは、英語化されているが、何処で通用しているかについては疑わしい。例えば、みりんはsweet sakeとして、さらに米酢はrice wineという言い方をしている。ついでながら、おにぎりはrice ballとしている。そして、焼酎をなんとwhite liquorと命名して売り出している。ところが英語でwhite liquorと言えば、木材チップを溶かす化学薬品の「白液」のことであり、誰も飲めないものである。したがって、もちろんまだ辞書に定着するまでには到っていない。むしろ、最近では日本語のままで英語に入っていく場合が多いようであり、その方が誤解も少ないと考えられる。ところであの山形弁のダニエル・カール氏によれば、「ポカリ・スウェット」は清涼飲料水と言うにしては、ポカリさんのsweat「汗」を連想させることから、なかなか飲む気になれないそうである。その点、私はかつて訪れたことのあるフーバー・ダムで、汗をかいて働く労働者を救った塩分と水分のコマーシャルに感動して、この飲み物に痛くはまっているのだ。

ところで外国人は良いが、外人は良くないとして、さらに「〜人」とした方がベターとしていた。ある意味ではその通りであり、ある意味では何処の国にもこのような表現は古来より存在していることも事実である。foreignerは人の入らない天然の森のforestと関係していることから、「よそ者」というニュアンスが伴っている。ところで国際空港成田では、外国人としてalienと表記されていたことがあるそうである。宇宙人がやってくるわけではない。また、ここまで来ると石原東京都知事も関わってくることになり、語彙のニュアンスの差異には、発信者の立場ではなく、受信者の立場にいて敏感でなければならない。

生姜エキス入の飲料水にジンジャエールがあるが、日本語の生姜色と英語のginger色の黄（赤）褐色とは異なっていて、もっと分かりやすいのは、ginger hairで「赤毛」のことなのである。俗語では『にんじん』のcarrotsで「赤毛の人」のことを表している。赤毛としてはred-hairやredheadedが自然であるが、天然と毛染めとの差違もつけなければならない。かつてlong hairがベトナム戦争への抗議を象徴していたように、茶髪といえども男に媚びずに生きる女性解放の狼煙なのかもしれない。それとも単なる目立ちたがり屋だけなのかもしれない。

最近、life design drugが大流行であり、「生活改善薬」と訳している。この種の薬は保険薬の範囲に入らないことから、この様に呼び分けられているのである。栄養補助食品（サプリメントsupplement）も薬のようで薬扱いはされていないもののことで

ある。ところでこれまでの養毛剤ではなく、「リ・アップ」という発毛剤が売り出されたことは、あの闘士サムソン（*Samson Antagonist*）もビックリの朗報であった。予約なしには買えないとまで言われたものが、どういう訳か、いまではその名前を聞くことも珍しい。密かに、ゴリラのように身体全体を毛むくじゃらにして、ゴリラと同居しようと考えていたのだが、こうなれば高濃度のものを直輸入して、ヒツジのようになってやろうと考え、そうすればまさに自毛製のセーターが編めるではないか、いやそうなれば、セーターは必要なくなるはずと思っていた。ところがいつでも手にはいるとなれば、途端に興味をなくするのは世の常である。

　さらに中国では漢方薬入りの「なんちゃって」バイアグラを製造しているとニュースになっていたが、日本でもバイアグラが極端に早く世に出るのに対して、ピル（**the pill**のことであり、丸薬と考える人は教養のある人）が異常に遅らされてきたのには驚愕するような理由があるようだ。旧厚生省も審議会の意見に基づいて、つまり外圧から認可を遅らせたり、早めたりしていたことが歴然としている。それにしても、陰湿な毒物事件とともに**drug**事件が横行していて、犠牲者が続出している。出回るはずのない催眠剤や興奮剤が外に出ていることによるものであり、病院や研究所などの管理体制が甘いと言われている。昨今のソフトドリンクやサプリメントやドラッグブームは、日本人固有の顕著なものであるそうだ。とにかく効くということは、何かを犠牲に

していることであると認識すべきである。池に棲む鯉にも、餌を与えるな、と公園の池に書いていた。果たして、誰も餌をやっていないのか、と聞けば、職員が時間を決めて、適当な餌を与えているのだという。適材適所とかタイムリーとかという言葉もあるが、たとえ餌でも、栄養剤でも、ましてや薬は、正しく利用されなければ効くべき所には効かないどころか、むしろ害毒にもなるのである。

だから、「クスリ」を間違って使えばいつでも逆に「リスク」となるのである。寒いギャグをもう一つ。薬局の看板に「アガリクス」とキノコの薬効を書いているが、どうしても「アガリスク」と言ってしまう。

また、野生の動物に餌をやれば狩りの本能は鈍化し、野生では生きられなくなって、自然に戻れなくなる。薬ばかりに頼れば、それまでの身体が持っていた自助（self-help）能力や自己防衛機能は弱まり、薬なしでいられなくなることは必定である。身体がその能力を弱めていたり、無くしているときにこそ、ヘルプとして利用すべきことは誰しも分かっているはずである。

アメリカのことを、日本語では「米国」としているが、中国語では「美国」としている。最近のアメリカの偵察機と中国軍機の衝突も美国と報じていたが、なんだか皮肉的であった。アメリカが「コメ」とどんな関係なのか分からないが、美しい国なら分かりやすく、夢がある。それでも国交正常化が遅れたのは皮肉なことである。かつて、国名や都市名を漢字で表していたが、今では

たどることも難しい。伯林、巴里、紐育、倫敦、西域、露西亜、西班牙、伊太利亜などであるが、さあ！ 挑戦してみよう。では、墨国とは何処の国のことであろうか。小説に描かれた中国の架空の国のことではない。実はメキシコのことなのである。

(5) 間違いやすい言葉

不景気になればなるほど価値あるものとなってくるのが、就職情報誌のYellow Bookである。ところが、イギリス人にとって、Yellow Bookはいわゆる世紀末（19世紀末）にロンドンで発行されていた唯美主義運動の季刊誌を思い浮かべるはずである。一方、フランス人の場合には、日本で言う「白書」、つまり政府の黄表紙の報告書を思い浮かべることになるのである。黄金色が賞味されるのに対して、黄色はキリストを裏切ったユダの長衣の色に繋がることから、敬遠されてきた。それが証拠にyellow paperと言えば、格下の大衆むけの新聞のことであり、それから言えば、アメリカのyellow cabも大衆向けであり、その誰でも乗れるからきている、日本の若い女性も象徴していることと無関係ではない。かつて、日本人はyellow monkeyと蔑称されていたが、今ではグループ名としてThe Yellow Monkeyと自ら使っている。その点、日本語での黄色にはこれほどの色が付いていないのである。長い間にこのようなcolor symbolismは形成されてきたのであるから、まさに文化を反映しているのである。

ついでに、日本語では「緑が多い」などと言って、自然と緑を同意語のように混同しているが、英語では、greensとnatureとは異なるものである。したがって、greensは野菜や芝生などのことなので、いくらでも買い足せるし移動も可能なのである。ところがそれに対して、natureには語源から来る、「生まれたまま」とか、「生まれ持ったもの」のニュアンスから、人工のものではなく、まさに自然で天然なものを意味しているのである。思い込んでいると、とんでもない間違いは起こるものである。

　話題になった言葉に「老人力」がある。ところがこの言葉の意味は、老人でありながら若者のように元気がよいことではなく、老人が老人らしく生きていることだと言う。もともとは赤瀬川原平氏の造語であり、物忘れをよくすること、同じ話を何度も繰り返すことなどは、まさに老人力なのだそうである。確かに、たとえ老人とはいえ、若者のような力ならば、わざわざ老人力と表現する必要はない。しかし、老人が若者のような力を持っているのか、老人らしい力なのか、誤解しやすい言葉である。その点では、仏教用語に他力本願という言葉もある。他力とは自力に対立する言葉であるところから、誰かがしてくれることを期待して、自分は何もしないことと考えられている。ところが、そんな自分の力こそ頼りにならないものであり、一切の人を救おうと願を立てた阿弥陀仏の力（他力）に頼ることしか成仏する方法がないことを確信することなのである。

　今をときめく菜々子を射止めた反町隆史主演のドラマに『チー

プラブ』があったが、cheapとしているところに意味がある。low priceや high priceやexpensiveが対照されていて、感情のない高低でも、嫌みな高級感のあるexpensiveなものでもなくしている。cheapな安っぽさを保ちながら、社会の底辺部分にあっても、本物の愛に向かわせるというベクトルを敷設している。主人公の反社会的野性に知性や教養などのestablishmentが薄っぺらで虚偽の世界と化してしまう、逆の意味でのシンデレラ・ストーリーなのである。

　演劇に女性が初めて登場したのは、J. Drydenの時代であり、あの有名なNell Gwynである。彼女は王様のmistress（愛人）であり、courtesan（売笑婦）であった。演劇自体がパトロンの必要な時代であり、女優にもスポンサーが付いていたのである。ところで「ラ・マン＝愛人」という映画があったが、どことなくロマンティックな響きがある。江戸時代には「色」と言っていたそうだが、ところが中国語では愛人とはなんと「妻」のことなのだそうである。その途端に現実に戻るから不思議である。そう言えば月下氷人という仲人もある。

　最近、デフレ・スパイラルという言葉をよく耳にするが、このspiralは螺旋であるから上昇も、下降も、方向性として存在しているはずである。ところがこの経済用語では「悪循環の螺旋状進行過程」のことであり、一方向的なものなのである。

　ところで電話のときに、日本人は聞いていることを相手に伝える相づちの意味で「はい」と言うが、英語の場合にこの「はい」

の意味で'Yes'としてはいけない。YesはいつもYes－NoのYesであり、「はい」ではないからである。それを間違えて、Yes! Yes! とやることからも、日本人は「Yesman」と呼ばれることになったのであろうか。またノックの場合も、日本語では「コンコン」であるが、英語では、"knock, knock."となる。この語が音を語彙にしたものであり、onomatopoeia「擬声語・擬態語」の範囲にあることは言うまでもない。言葉遊びと言えば、メジャーリーグで二度目のノーヒットノーランを達成した「No. No. No more!」と野茂投手を応援していた。

　日本語で幻想と言えば、悪い意味で使用されることがほとんどであるが、英語ではどこかにプラスのニュアンスをもつfantasyと、マイナスのニュアンスのillusionとがあるようである。それ故、illusionには幻惑や錯覚などの意味が含まれているのである。例えば、タイのバブル崩壊を予知する論文の題名には、The Myth of Asia's Miracle と myth が使われていた。これを神話と訳せば、何かロマンが感じられてマイナスのニュアンスが少ないが、幻想と訳せば、途端に、崩壊の憂き目にあったことが想像される。したがって、比較する対象にもよることから、語感の差異にまで敏感でありたいものである。

　結婚式場のコマーシャルで、「おめでとう!」のつもりでcongratulation!、としていることをよく見かけるが、モーニング娘の"Happy Summer Wedding"でも単数形で歌われている。正しくはおたがいに喜び合うところから、congratulations! でな

ければならない。お祝いということでは、カムバックした安室奈美恵の"Can you celebrate?"のように、celebrateがある。1998年末の紅白で紅組の司会者は、lとrの発音を妙に丁寧に区別していたが、この紅白以来、アムラーになって、車の中でもよく聞いていた。そんなときに悲劇は起こるものである。天才に悲劇はつき物と言われてきた。母親のためにもすばらしい歌を歌って欲しいと願うのは私だけではあるまい。2000年の沖縄サミットのテーマ曲"Never End"を全体の場で歌って祝ったが、この場合にはcelebrationの方が自然である。その点congratulations! には、「よくやった」と二人で祝うニュアンスが伴っている。また最近の企業名ではNTT Communicationsと複数形にしている場合が多いが、intelでinteractiveな通信網の多種多様な広がりが窺えるようである。その点で何とも面白いのは、インターネットの検索サイトに見られるLocal Yahoo!sとかWorld Yahoo!sなどである。すなわち、Yahoo!で登録商標として成立しているので、"!"の後に"s"をつけているのである。

　複数形と言えば、「頭が痛い」場合に、"I had a headache."と"I had headaches."では、前者が一回限りのことであり、後者が何回も繰り返している痛みだと分かるようになっている。しかし、英語と日本語との肉体に関する語彙の意味範囲はずれている。例えば、日本語では背中と腰は別物であるが、英語ではbackだけで済む。headにしても首から上の部分全部であり、日本語の顔もすべて含まれている。ところで、日本では針治療など

は西洋医学に対して、「東洋医学」と言っている。これは決して日本からのネェイミングではない。その点、英語では"Chinese style medicine"と明確である。したがって、「漢方薬」の場合には誤解がない。

すでに人口に膾炙している「カルチャー・ショック」(culture shock)は、本来、cultural shockの方が自然であることから、「カルチュラル・ショック」と言うべきだと思われる。そこで英米の文章では後者が普通に出てくるが、日本語の辞書には、どういう訳か出てこない。もともと、A.トフラーの造語と考えられているので、これが市民権を得ているからであろう。しかし、その場合にはハイフンで一語にするか、大文字にして固有名詞化していく経緯があるはずであるが、それも何処にも見当たらない。

形容詞には種類と語順があるが、会社名に「GOC」とあり、"global our company"としていた。ourが先に来るはずのところ、正式の語順を超えた「音感」を優先しているのかもしれない。

またトラベラーズ・チェックと使われているが、大抵は綴られているものなのでtraveler's checksが自然であり、その短縮として「TCs」が使われていることからも理解できるはずである。

ストーブと言えば誰も間違うことはないと思いこんでいるが、Billy, you left the stove on when you finished cooking. とあるように、stoveは「レンジ」のことであり、さらに温室を表すこともあると知ればエーッ! と思うかもしれない。日本語のストー

ブの方はheaterと呼ばれている。このように電化製品も日本での呼び名とはずれている。電子レンジのことをmicrowave ovenと言い、ガスレンジはgas stoveである。掃除機はvacuum cleaner（sweeper）であり、テレビはtelevision setであるが、the tellyとかthe tubeとかthe boxとも呼ばれるけれども、没頭し悪影響を受けるものがいるので、またの名をBoob Tube「人間を愚かにさせるブラウン管」と呼ばれることもある。さらにステレオもstereo systemと言わなければならない。

　ところで「エコ効果」とだけ書いているので、図書注文をしたら、あの*The Name of the Rose*のフンベルト・エコーの「エコ」であった。実に紛らわしい。高知大学の「エコキャンパス」は、てっきり昨今の独立法人化施策か愚策から経済効率優先の節約を目指すキャンパスかと思っていたが、どうやら世間並みのecologyを目指しているらしい。ecoブームの中、エコが生態学であり、単なる物理的環境ではなく、総合的な共存共生環境のことであり、まさにパラサイトをして依存しているので、加害者であり被害者であるという自己矛盾を絶えず認識していなくてはならない。ところが、言うは簡単であり、加害者であることを止めるには存在を止めるしかない。したがって、親鸞聖人の言葉「罪悪深重の凡夫」を拡大解釈すべきかもしれない。そのような意味でも、「ゴミ製造器」たる人間には生ゴミ処理器具garbage disposalが必要である。

　complexも興味深い言葉である。痛ましいハワイ沖での潜水艦

と実習船との衝突事故で有名になった、米軍の海軍省を"Pearl Harbor Naval Complex"と表示していた。「海軍集合（関係）地帯」くらいであろうか。例えば「紅茶コンプレックス」と聞いて、どのようなことを想像できるだろうか。紅茶アレルギー（allergyの発音は「アラジィ」である）とか、高価な紅茶を飲む人に劣等意識を抱くことなのであろうか。全く想像を裏切られることであろうが、実は「紅茶にまつわる商品群」のことである。例えば、ティーポット、カップ、ソーサー等々のことである。ところで紅茶とかコーヒーのカップには皿が付いていると上品で、ソーサーが付いていないと、普段の生活を感じさせて、下品に思われるが、実は生活の歴史がある。ローラ・ワイルダー（L. I. Wilder）の *Farmer Boy*（1933）の中で扱われているが、最初はお茶碗で飲んでいたが、オランダの船乗りが中国から200年前に持ち込んで以来、受け皿で飲むようになったと言う。つまり、冷めているのは失礼なのでとても熱いのを出すことがサービスなのだが、あまりに熱いので受け皿に注いで冷やして飲むという習慣になったのである。ところがこの習慣を恥ずかしく、野暮ったいことであるとし、ちゃんとした人はお茶碗から飲む、とアリスのお母さんに言わせている。そこで普段着の私は、ソーサーと言えば「ユー・エフ・オー」と「カブスからヤンキース（正式にはヤンキーズ）へ移籍と言われるサミー」だけにしている。

characterと言えば、最近では「キャラ」と短縮しているが、すぐに性格とか人格と結びつけられるが、実は「漢字」と言う意

味でも使われていて、正確にはChinese characterである。此処だけの話であるが、sexistと聞けば、如何にも好き者をイメージするかもしれないが、実は「性差別主義者」のことである。ボーダレスの時代にまさに時代錯誤も甚だしい。悲しいことだが、社会のシステムが変わらなければなかなか難しいことであろう。ところで最近話題のバリア・フリー（barrier free）と聞いてどのようにイメージするであろうか。あの有名な珊瑚礁グレート・バリア・リーフ（Great Barrier Reef）を何となく連想してしまうかもしれないが、実は、障害者と健常者との垣根を無くすことであり、障害者用の対策として障害物を無くしている施設や建物のことでもある。それはnormalization、つまり常態化、あるいは正常化の一環であり、障害者を自然に受け入れることなのである。ここだけの話であるが、ある大学ではこのような施設を拡充するために莫大な費用がかかることから、そのような学生は丁重にご遠慮願っているそうである。

　また、人口に膾炙している意味が圧倒的な影響力を持っていることから、誤解しやすい語彙は多い。インターネットで司法試験を検索しているとBar examinationと出てきた。snack barとかcoffee barとかpool barもあるので、勘違いする人もいるかもしれない。さらにa student of human natureのstudentも学生ばかりではない。studyする人から、「人間性を研究している人」であり、学者なのである。

　gardenも間違いやすい語である。例えば、『ピーター・ラビッ

ト』では、But Peter, who was very naughty ran straight away to Mr. McGregor's garden and squeezed under the gate. の場合に、マックグレガー家の庭園では問題がある。野ウサギ（hare）ではなく穴ウサギ（rabbit）のピーターがいるところは家庭菜園と決まっているからである。だから、gardenerは庭師だけでなく菜園を育てる人も表していることになる。またSussex Gardensとは言うが庭ではなく、サセックス街のことである。庭園でもKensington Gardensと言うところからも、多面に渡る広さを表してのことであろう。しかし、広さだけから言えば学校にもgardenがあっても不思議ではない。yardは四角な建物などに、四方または一方でも囲まれていることから中庭となり、学校にぴったりの庭なのである。*Tom's Midnight Garden*では、昼間は物置場所のようなbackyardが、真夜中の13時には美しいgardenに変わるのである。それもTom'sとあるように、トムだけに与えられる、彼が現実に所有している庭園なのである。

　countryでも、国なのか、田舎なのかで迷って、定冠詞の有無で差違をつけられるようになった経験がある。かつてヒットしたCountry Road, take me home～では、田舎道を故郷へ帰ることを想像して、望郷心をかき立てられたことがある。ところでa country houseと聞けば、ひなびた田舎家をすぐに結びつけるかもしれないが、英国では貴族の田舎の大邸宅の「貴族館」を想像するのが普通であり、manor house「マナー・ハウス＝荘園」もその一種である。また、大広間から来ていると思われる「～ホー

ル」も館のことであり、「〜パーク」と言っても公園ではなく、屋敷の周りに広がる狩猟場や猟園から来ている屋敷のことである。よほど英国では屋敷が好きなのか、その語彙は豊富であり、屋号で *Howards End* としたり、「〜Place」、僧院から来ている「〜Abby」、宮廷から「〜Court」などとあり、その上にもちろんのこと、宮廷や城と関係する語彙も多い。

また英国の田舎の川辺、特にテムズ川にはwillow「ヤナギの木」が当たり前のように生えているようである。Kenneth Grahame の *The Wind in the Willows* を『柳に吹く風』と直訳しているものもあるが、『川辺にそよ風』とか『たのしい川辺』と意訳しているところから判断しても、ヤナギの木は川辺の象徴として使われているのである。シェイクスピアの作品にも「ウィローの歌」があるが、川辺のことであろうか。その点で、dogwoodが犬のいる森ではなく、「花みずき」のことであり、cherryが「未使用なもの」から、ヴァージンへとつながり、日本語では、その花のサクラの「さ」は早乙女や五月雨の「さ」と同根であり、稲に仕える神様のことなのだそうである。したがって、稲作文化からの命名であるから、弥生時代に生まれたのであろう。ところで中国の桂林の命名は、キンモクセイの群生から来ていて、桂林とはキンモクセイのことだそうである。

植物と言えば、タバコは植物であるが、たばこ屋の看板には、TobaccoとCigaretteの両方がある。ところが植物のタバコはtobaccoだけであり、cigaretteは製品の紙巻きタバコのことであ

るから、誤解を避けるには後者しか使えないことになるのである。

　W. Shakespeareの戯曲に*Othello*『オセロ』があるが、正式には『ベニスのムーア人オセロの悲劇』である。このMoor人とは「Berber人とArab人の混血でイスラム教徒」と辞書では説明されているけれども、当時の感覚ではふつう「黒人」を意味していたのである。オセロがあそこまで妻を信じられなかったのは、悪者イアーゴのテクニークによるものだけではない。妻が白人であるのに対して、自分が黒人であったことによるコンプレックスからくるものである。さらに観客が白人であるとき、この結婚は不当であり、決して長続きしてはならないことからも、シェイクスピアの素晴らしさはこの設定にもあるのだ。黒と白のコマが裏表になっているオセロゲームのルーツはここにある。

　*Treasure Island*のシルバー船長の紹介には、Long John Silver「のっぽのジョン・シルバー」としている。それに対して、The Beatlesの歌「のっぽのサリー」ではLong Tall Sallyとしている。longとtallとが重複しているが、リズムの関係からこうしているのかもしれない。

　さらに分かりきっていると思い込んでいる言葉は間違いのもとである。例えば、リフォームとして家とか衣類に使われている。ところが英語のreformは改革とか改心と言った政治などに関わる重厚な言葉なのである。したがって、日本語でのそのような意味合いではalterを使用するのが普通である。

ところで、かつてpawn shop「質屋」の並んでいる怪しげな通りで、bookmakerを見かけたことがある。一見、製本屋と思うかもしれないが、実はbetting shopのことであり、つまり賭けを取り扱う「胴元・のみ屋」のことである。もちろん若者には、この日本語ですら死語に近いかもしれない。さらに誤解しやすいものに、He carries on his family, two boys and their sister. (E. M. Forster: *A Passage to India*) のように、familyには子供の意味がある。さらにImagine how I long to see him and to pay fare that this house may be his home. (*A Passage to India*) にしても、物理的な家とくつろげる家庭との差異を明確に表している。

コーヒーでもミックスとかブレンドとかで使用されているが、正しくはmixedであり、blendedでなくてはならない。その点では、関口宏のスポーツチャレンジ番組の『フレンドパーク』では、課題をやり遂げたり、やり遂げられなかった場合には、ClearedとかNot Clearedとテロップを流している。なかなか画期的な英断であるが、英語綴りでこそ成立するものの、これらを日本語で、「ミックスト」「ブレンディッド」「クリアド」などとしたのではこれまでの慣用と異なるので違和感があり、かえって通じないことになるかもしれない。ステンレスと同様にステンドグラスを、stained glassから「ステインド・グラス」とすることも可能ではあるが、いったん定着した名前を修正することは至難の業であるのか、Sherlock Holmesの*The Speckled Band*の場合でも、

日本語では『まだらの紐』になるのである。さらにいつもドライフラワーと当然の如く言っているが、英語では dried flower である。また最近「リーマン」とコギャルから言われている和製英語のサラリーマンも、当然、本来なら salaried man「サラリードマン」と言うべきところである。しかし、表記においても、発音においても慣習が優先するようである。

ところが、これまでのものではないことをアピールするために、間違っている慣習を正しく修正している場合もある。例えば curry をカレーで通っているところを、「カレーの中のカレー、ハウス・ザ・カリー」とすれば、本物感や本場感が伴ってくる。また「青山」を「**あ**おやま」から「あお**や**ま」に変えると、「Aoyama」を想起させて、国内から世界へと羽ばたいていることが窺える。その点では、「イチロー」を「Ichiro」としたり、「中田」を「Nakata」に表記を変化させるのと同種のやり方であろう。しかし、コギャルの「**か**れし」ではなく「かれ**し**」であり、「**ク**ラブ」は昔のあのクラブであり、「ク**ラ**ブ」は若者の踊りの場である。このようなストレス移動とは異なるものである。もちろんインパクトの強さにおいては同種のものである。

ところで、あるホテルの英語の説明で、To be cancel, just touch 33. とか、To be confirm, just touch 38. としていたが、この場合には cancelled とか confirmed が正しいはずである。ところが最近になって見かけたのが、「sell CD」である。これでは「ブックオフ」方式の買い取りであり、「CDを売れ」かと間違え

てしまう。しかし、それにしては乱暴である。それならplease ぐらいは欲しい。また看板に「メンバーカード」とあったが、これも member's card「メンバーズカード」のはずである。また最近話題のチャイルドシートにしても child's seat であり、「チャイルドプレイ」も「Child's Play」であるから、慣用の表記が使われるのも、音感にもよるのであろう。ただし、児童虐待は child abuse であり、児童心理学は child psychology である。

折り込み広告を見ていると、「*Lady's & Men's」と書いていた。Ladies and Gentlemen! を意識的に捩っているのか、単なる間違いなのか。学生に質問としてぶつけてみると、単数と複数の違和感については指摘してきたけれども、貴婦人と男性との違和感はあまり感じないらしい。

また信号待ちをしていると、看板の中に「*JAST」と「*commtted」という綴りを発見してうれしくなった。just に committed のはずだが、遊び心の故意なのか、依頼者か表現者かのケアレスミスなのか、などと考えていると、ここには日本人の間違いやすいパタンが明確に見えてくる。shampoo を *shamp とか *sampoo としたり、permanent wave とか perm を *perma とか *parm（a）としている場合もあれば、building を bldg. とすべきところを *BILL としているところもある。それがそのビルのテナントすべてにこのような綴りが見られると間違ったのか、間違えているのか、理解しがたい。かつてこのようなミスはほとんど間違ってのことだったのだが、今では遊び心も見られる

ので、間違っているのではなく、間違えていることも多々あって、迂闊なことは言えない。ここにも文化の爛熟の証があるのかもしれない。ダスキン社の看板には「Daskin Rent-all」として、「ダスキンレントール」ではなく「ダスキンレントオール」と読ませている。本来ならRent-al あるいはRent-rollとなるので、前者の言い方をするところで、こうすることによりどんなものでも貸し出しするようなニュアンスを狙っているのであろう。

東北に旅行に行って驚いたことがある。「プレゼントコーナー」と書いてあるので、これはと思って行ってみると、やはり「おみやげ売場」のことであった。それに隅っこでも、秘密の場所でもなかった。sectionと言うべきであろうか。そこでは檜風呂はJapanes Bathとしていたが、japanesque「日本風」のことであろうか。

筋肉を増強する器具としてexpanderがあるが、expandが長さと関係し、反意語にcompressorがあるところから、筋肉マン製造器具とは結びつかないように思われる。またlinguisticを言語学とせず、英語学とやってしまうのも良くあることである。またThe Lambton Wormとして「ラムトンの竜」としていたが、worm「ウジ虫」から連想されだろうか。もちろん、猫背と言うところをhumpbackとラクダの背中を使うのと同じことであろう。

ガッツポーズのルーツが、かつてのプロボクサーのガッツ石松が勝利の瞬間にした仕草にあると言っていたが、なんだか眉唾物

のようである。当時のフイルムで見るとgutsでもguts'でもなく、Gut'sと表記されているところが怪しい。このgutsは名詞であるから、人に使うときには形容詞のgutsy「ガッツィー」でなければならないのである。下半身切断のアメリカ女性の生き方に対して、新聞ではGutsy girlとしていたように、男女は問わないのであるから、これからは「ガッツィーな奴」と呼ぼうではないか。

　そういえば、Naval Intelligence Centerを「海軍情報センター」としている。情報と言えばinformationと直結してしまうが、伝達情報と知脳集団や情報の集積所のような違いが考えられる。香川県の旧高松空港跡地に「Kagawa Intelligent Park」が出来たが、図書館や大学、その他の文化施設が集められている。

　ところで日本語のペンションにはpensionの「年金」は入っていないし、パーティにも「党」は入っていない。またマスコミが、本来はmass communicationの媒体であるmass media、あるいはthe mediaのことであるが、もうだれも言わなくなった。

　freeも誤解しやすい語彙である。free wayとくれば、有料ではなく無料の道路なのか、速度制限がされていない道路なのか。反対がtoll「有料道路料金」と知ればすぐわかることである。日本では最近はやりのfree dialがあるが、通話無料電話のことである。しかし、英語ではtoll-free numberと呼ばれたり、公衆電話をpayphoneと呼ぶことからfreephoneとも呼ばれている。さしずめ「料金無料番号」である。ではこれはどうだろうか、"Are you free?"　"No, I'm not free, but I'm cheap."

(6) 言葉遊び

　言葉が一番生き生きとして躍動していると感じるのは、やはりコマーシャルのキャッチコピーである。ホンダもついにやったな、と思ったのはHondaful Life「ホンダフル・ライフ」である。安易に思いつくはずなのに、きっとこれまでは陳腐だとして除外していたものであろう。しかし、よく聞けば当たり前なのは落ち着いた安定感が出てくるから不思議である。コーヒーのコマーシャルではタイガー・ウッズが"It's Wonderful Wonda."「ワンダフル・ワンダ」とやっている。またトヨタのDrive Your Dreams!もロマンティックでまさに夢があるキャッチコピーである。『バスストップ』というドラマで「貴方の人生を乗せて走ります」という名文句をキャッチコピーとしていたが、それと同じ発想である。また同じくDrive-thruもおもしろい。マクドナルド（本来なら「〜ナルド」ではなく「〜ナルズ」である）のドライブスルー(drive through)を基本形にして、「ドライブする」と掛けているのである。ところがさらに深いのは、和製英語かと思えば、実は正式の英語であることだ。コマーシャルではよく使われるものであり、このように看板や宣伝の綴りはかなり自由に変形しているのである。またトヨタのニューセリカのコマーシャルコピーは"Live, Love, Drive"としているが、明らかに「-ve」の脚韻を遊んでいる。しかしながら、もとは頭韻である"l"音の反復の心地

よいリズムのある "Live, Love, Learn" からのパクリであることをご存じだろうか。ところで日本では、river と liver と lever、そして labor も言葉遊びとなることがある。r音にl音、v音にb音とくれば難しい。川の「リバー」と肝臓の「レバー」と取っ手の「レバー」と労働の「レイバー」と、綴りが結びつくであろうか。肝臓は「リバー」で、取っ手は「リバー」の発音もあると聞けば、もう混乱してくる。ところでベンツもよく聞くが、ventsでもbentsでも同じことであり、それが正しくはBenzであっても、「ベンズ」と読む方が自然かもしれないのである。これは遊びというより、日本人の弱点と言うか、習性と考えるべきかもしれない。

　不景気の昨今、よく耳にする言葉に「激安」があるが、よく通るガソリンスタンドで、この「激安」の下に、なんと「爆安」という言葉が書かれていた。そう言えば「爆睡」も耳にしたことがある。確かにこれまで爆裂とか爆破という言い方は定着していたが、「爆」をこれまで使わなかった範囲にまで拡大し、激よりも強い意味で形容をしているところが感じられる。それはコギャルの「超むかつく」にも表れている。ところが「超整理学」とか、「超B級小説」とかと、大の大人にまで波及しているところがうれしい。手垢の付いていない過激な形容を被せることによって、より豊かな感覚表現を得ようとしてもがいていることの表れである。そう言えば、東京オリンピックで、体操の難度はCまでしかなかったのだが、C難度以上の業を表現する言葉が必要になり、

「ウルトラC」を生み出したと言われている。シドニーではE難度まで進展していた。

また '99. 3. 15の『日経インターネット』を見ていて、「大原3000院」と打ち込まれていたので、思わずうれしくなったことがある。単なるミスではなく、遊び心から出ていることであってほしい。「フォーミュラ3000」のような響きがあり、あのデューク・エイセスもレース・クィーンになったような気持ちでこの歌を歌えるかもしれない。

またシカゴのループを真似てか、仙台の交通システムを「Loople Sendai」と名付けていたが、なかなか可愛い音遊びである。

英語でThe queenと言えば、紛うことなくエリザベス女王を思い浮かべるであろうが、同音異義語でqueanという「あばずれ女、恥知らずな女」という意味の語彙がある。ところが、そのルーツをスコットランドと知れば、あまりにうがった見方かもしれないが、イングランドへの対抗意識から、風刺し皮肉っているように思われ、これまでの歴史を想像してしまうことになる。我々には英国と言えば一つに思えてしまうが、イングランドだけではなく、スコットランドやアイルランド、そしてウェールズで成り立っているのである。そしてイングランドがすべての権力を中心的に行使しているためか、スコットランドやウェールズ、特にアイルランドとの確執には長い歴史がある。あのI. R. A.（Irish Republican Army）の活動を映画化したブラッド・ピッ

トとハリソン・フォードの『デビル』にもその一端が窺える。これまで長年に渡って壮絶な戦いが繰り返されてきたことは、例えばS. Johnsonとその弟子のJ. Boswellとのエピソードにもその残滓が窺える。ジョンソン博士はoatsについて、"A grain which in England is generally given to horses, but which in Scotland supports the people."(イングランドでは普通馬にやるものであるが、スコットランドでは人間が食べている)と攻撃的である。そこでボズウェルも負けていないで、「だから、イングランドでは馬が強く、スコットランドでは人間が強い」と言い返したと言われている。イギリスといえば、BritishとEnglishがあるが、前者は英連邦を意識させ、後者は連邦の一部のイングランドを意識させる。したがって、イングランド以外の出身者、例えばO. WildeやJ. Joyceにしても、常にexile(エグザイル、異境生活)として自己を認識し、権力に対してあまりに反逆的であり、風刺的でもあるが、それは特に多様な言葉に表れているのである。

戦争とか喧嘩は意識が高揚する関係から、言葉遊びでも生き生きとしている。「サッチーVSミッチー」の熟女バトルが今や「デビ夫人VSマリアン」、そして「デビ夫人と坂井音楽評論家」へと移行している。お互いに相手を罵倒するために、デビ夫人を「デビル夫人」と呼び、マリアンを男性形にして「マリオン」と呼んだり、「パラサイト」の意味合いからバトルをしている。このように入り乱れての乱闘こそバトルロイヤルである。やはり戦

争は語彙を生み出すエネルギーの源泉なのである。さらに仕事はしているが、親と同居しながら、生活費は入れない独身者を称して、「パラサイト・シングル」としていることからも、2000年の流行語大賞に入ること間違いなしと思っていたが、そこは香取慎吾の「オッハー」であった。

同音異義語は言葉遊びには絶好のものであり、mummyもよく使われているものである。マミーと言えば、幼児語mumの類語で「かあちゃん」のことである。ところが同じmummyが「ミイラ」として使われているのはビックリである。漫才コンビに「テイク2」がいるが、Take two. かTake to. として「二つ（人）をとれ」とか「好きになれ」としても遊べる。

この前、中国新聞の投書欄に「紙魚」という言葉があり、誰も知らないので家族中で大騒動になった。ようやく知り得たのは、「シミ」と読み、本につく昆虫のことだそうである。この説明を聞いて、一体どれくらいの人が分かるのだろうか。辞書で調べてみると、bookwormと出てきた。明らかに日本語より英語での言い方の方が容易に想像がつくものである。しかしどうしても、こんな昆虫よりは、いつも本にかじりついている人のことを表す「本の虫」を思い浮かべる方が自然である。

言葉遊びとか言葉に対する愛着と言えば、*Mother Goose*『マザーグース』が挙げられるが、正式には*The Oxford Dictionary of Nursery Rhymes*であり、要するに『子守歌辞典』なのである。したがって、「マザーグース」は通称であり、愛称なのである。

ところでF. Baumの著した*Father Goose, His Book*（1899）もあることをご存じだろうか。gooseが雌だから、本来なら雄のガチョウはganderであるべきところであるが、やはり「マザーグース」を念頭に置いてのネィミングとなっている。

ところで一体、Pinocchioピノキオはどのように説明すべきなのであろうか。最初は男の子に似せて創った木の人形であるからa wooden dollであり、木製の男であるからa boy of wood かa wooden boyである。しかし、a wood boyの場合には、森に住む少年、自然児（人）のことであり、ひいてはPanに繋がっている存在であるから少し違っている。ピノキオは最後に人間の子供になるように、大昔より、木と人間との交感は扱われてきたのである。そこで人工の森はwoodであり、自然の森はforestであることから、木こりはa woodmanとなる。そう言えば「ウド鈴木」を「ウッディ」と呼んでいるが、これは俳優のウッディ・アレンから取ったのか、愛称や幼児語系の「i」音での呼称なのであろうか。「独活（ウド）の大木」というのもあるし、男女の人情の機微が分からないことを表現する「木石」の意味がwoodの中にもあるので、こちらの方が自然であるかもしれない。ちなみにa woody man も「木製の人」と考えられる。しかし、一語になっているa woodmanを除けば、いずれも形容詞として分離していて、ハイフンで繋がっていないので、一つの造語としてはまだ熟成していないのである。

コマーシャルでエビスビールのエビスの綴りはebisuではなく

yebisuにしている。それは円をenではなくyenにしているのと音的には関係がある。中国貿易で紛らわしさを避けるためにyを補充したと聞いている。辞書に依れば、このyenのYから¥がきているのであり、その点はドル記号の$が合衆国のUとSの合成からきているのとは異なっている。ところで2000円札が出たが、何となく薄っぺらで軽いので子供銀行券を思い出してしまった。どうやら人気はないらしい。

　英語名でも、AnnとAnneがあるが、赤毛のアンは "...please call me Anne spelled with an e."「eのついたつづりのアンで呼んでください」と言っているように、他人事だとこの単なるeは、鼻音の長短くらいの問題ではないかと想像したりして、実に些細なことのように思われるが、当事者にとっては深刻な問題なのである。本来この接尾辞は、フランス語では女性形に付けるものである。例えば、『クマのプーさん』となっているが、英語では *Winnie-the-Pooh* である。ところが男の子だったら、Winnieとは呼べない (Then you can't call him Winnie?) と言われて、実は "Winnie-ther" と言ったのだと説明している。辞書によれば、男の場合にはWinston、女の場合にはWinifredの別称とされている。つまり男女共に使えるような説明である。さらにこの接尾辞の-eはfamily nameにも古くから使用されていて、その点、女性だけを表すものではない。例えば、Oscar WildeとかJ. LockeとかG. GreeneとかNasheやDonneやSwinburneもいるが、さらには作品名や主人公の名前としてClarissa Harlowe

やChilde HaroldやBrowneやClarkeもいる。Old EnglishからModern English時代には名詞に、alle、Frenche、Englisheとか、またシェイクスピア時代の台本という意味でBookeも見られる。またもともとの苗字はthe son of James Foeの息子だからFoeであるのに、35歳の時、フランス語の前置詞de-を付けて名前を変えて喜んでいた、Daniel Defoeもいる。フランス語にルーツを持っていると言えば、歌手グループのピエロ（pierrot）もある。なんだかオウムのparrotにも似ている。また綴りではPepys（ピープス）などもアンと似たような気持ちを抱いたことがあるかもしれない。また短いジョンはJohnであるが、ジョーンズと伸ばす時はJonesとして区別している。そして日本的には同じとしているけれども、DanとDonneの発音は異なっている。その昔、ジョン・ドン（ダン）としていた。

　この前、PIKNIKと書いている車を偶然見かけたが、picnicからの転用の会社名であり、遊び心のある会社かもしれない。それとも、publicのRobinson Crusoe時代の綴りがpublickやpublikであったように、'c' と 'k' とがまだ分離していなかった古い言語時代を考えて、それを利用したのかもしれない。オックスフォードの詩学教授のH. Birkhead（1617-1696）の遺言書にも、公開講座としてpublickの表記が見られる。その点ではpanicの過去形としてのpanickedのルーツにも関連してくるものである。英語の綴りの固定は1755年と言われているが、あのドクター・ジョンソンの辞書の影響力が大であった。したがって、musick

の末尾の-ckの-kがとれて、musicと簡略化されたのとルーツは重なっているのである。

　また車の背後に「MACK CHIPS」と書いているのを見かけたが、Trade Markの関係からMc-が許されないからと言って、決してmuckとしてはならない。言葉遊びが一番表れやすいのは造語の場合である。かつて、ソファーに座ってテレビやビデオばかりを見て、ポテトチップスをかじっている人を"couch potatoes"と呼んでいたが、最近では、コンピュータの前でマウスばかりをいじってはポテトチップスをかじっている輩のことを"mouse potatoes"と呼ぶそうである。さらに、最近、郵便事情も変わり、速くて便利で、いつでも受け取れるE-mailが出てきたことから、これまでの郵便には災難であるが、snail mail「カタツムリ便」と呼ばれているらしい。世の中は大きく変化しているのである。それでもblackmail（ゆすり）はお断りである。

　さらに、「キャッシュレス」時代に入ったと聞いて、このレスはキャッシュが数え切れないほどいっぱいあることなのか、それとも金を使わないことなのか、それとも我が財布の「シジュウカラ」（始終空）の状態なのであろうか、などと想像した。ところで「レジ」のことはキャッシャーというが、その綴りはcasherではなくcashierである。それにしても、ついに「ゴジュウカラ」の我が世の春が来たかとほくそ笑んでいたが、まったくの誤解であった。財布をパンパンにして見せびらかせていたあの松方弘樹もびっくりの、現金を使用しない時代に入ったとのことである。

現金までもがバーチャルになったのであるから、現金とか現生「げんなま」とはもう言えない。その場合、お金の代わりをするのは plastic money であり、electronic money（電子マネー）とも呼ばれている。そんな時代に2000円札発行で大騒ぎをしたり、デノミだと叫んでいるのも気が知れない。ところでホテルなどでお金を払わずに高飛びする人のことを skipper と言うので、お金をもらって飛び跳ねる人だけのことではない。

　ところで、蛇足ながら、活字の世界でも活字メディアから電子メディアに変化していくようである。最近の研究では、その変化によって失われていくのは「内省」と「個別性」と言われている。神話の世界以来、我々は全体から離脱することによって自己という個を獲得してきた。この言い方を変えれば、全体の中に守られていた個が荒野に放置された（失楽園）とも言えるし、無意識的に拘束され、支配されていた全体から、意識的自己として目覚めた（楽園脱出）とも言える。ところが個である自己がどんどん肥大化し、バラバラに断片化し崩壊してきた結果として、その大きく振れた振り子はバランスを取るかのように、全体化の方向（復楽園）に振れて、ネットワーク化へと向かっているのかもしれない。そのせいか、首相の「神の国発言」が2000年の衆議院選挙の争点となって、見事に敗れ去ったようである。寄ってたかって、貶されているが、オーストラリアの新聞では Pea Brain「豆の脳味噌」の持ち主、つまり味噌が少し足りないと言われていた。発言を取り消したいのだが、取り消せば、これまで黙っていたとこ

ろが騒ぎ出して、問題が一層大きくなることを知っているのであろう。いわばこの閉じられたファンタジー空間に生きることは、皆快感ではあるが、非現実のものであり、他を拒絶し攻撃するところが出てくるので危険なのである。

(7) 和製英語

　和製英語と聞けば、なにか胡散臭く、間違い英語として、戒めるべきことと考えてしまう。ところが、本来、言葉とは自然発生的に生まれる要素があるところから、人々の柔軟で、旺盛なエネルギーの発露であり、むしろ喜ばしきことと考えるべきかもしれない。新しい物事が生じ、それを認識する象徴としての言葉は、人間と同様に生きている、生態学的に栄枯盛衰を伴うものなのである。言葉が混じり合い、馴化し、融合し、同化していくのも自然なことではないだろうか。

　ところで、英語のthe mediaを「マスコミ」と呼んでいるのも和製であるが、最近、地球規模の世界的基準という意味でglobal standardという言葉が使われているが、これも和製英語である。また、よく環境ホルモンと言われているが、environmental hormoneは和製英語であり、正しくはendocrine disrupter「内分泌撹乱化学物質」である。

　またもともとラテン語からきているsceneと関係しているからscenarioはシナリオであり、抑揚のないシナリオは日本語であり、

table speechもよく使われているが、立派な和製英語である。

　日本の喫茶店ではモーニング・サービスとして、午前中に、遅くても午後一時頃までの軽い食事のセットメニューがある。ところが英語では「朝の礼拝」のことである。それを知ってか、最近では「モーニング・セット」と表示しているお店もある。しかし、これとて、宗教儀式のセットのようである。そもそも、serveとは給仕することであり、給仕とは食事を出すことにも使われるが、神様に使えることであり、教会でロウソクなどに灯をともすことでもあるから、servantとはまさに神に仕える者のことなのである。ではモーニング娘、略して「モー娘(ムス)」とはどのような意味なのであろうか。たしか「つんく」がネェイミングの際に、「朝のようにさわやかな」娘と言っていたように記憶している。まさか礼拝式の巫女的存在でもなければ、牛娘でもあるまい。

　これまでよく使われているもので、女性を大切にする人としてフェミニストが使われているが、女性解放のフェミニズム運動からも和製のものである。フェミニズム運動下では問題になる言葉に、一対一でのマン・ツゥー・マンがあるが、この意味ではperson to personの方が正しい。最近ではperson-to-person call（personal call）として使われている。驚きはman-to-manとは「素直」という意味であることだ。マンと言えば、その昔、アイスキャンディをアイスマンと呼んでいたことがあるが、これには「アイスキャンディ」と「キャンディ売り」との二重の意味が込められている。「アイスクリーム売り」はicecream man「アイ

スクリームマン」と呼ばれていて、iceman「アイスマン」とは「氷売り」のことである。ところが、ヨーロッパアルプスの氷河の中から掘り出された男も「アイスマン」と呼ばれているところからも、文字通り「氷男（人間）」としても使用されているのである。

　センター試験にも採り入れる方向が出たので、この際、明確にしておきたい典型的な和製英語にHearing Testがある。聞き取りテストという意味で使われているが、耳鼻科での聴力検査のように聞こえるらしい。したがって、そのような誤解を生むとすれば、Listening Testでなければならない。公聴会の場合にはa public hearingと使っている。

　lとrを間違えるのも、発音自体を区別できないところからきているのだから、和製英語といえるかもしれない。この前にも国会へのプラカードに、dioxinダイオキシンの黒い煙反対としてblackをbrack と書かれていたが、glassとgrassも迷うことがある。英語という表音文字と日本語の表意文字の差は大きい。しかし、表意文字であるために興味深い言葉の特性を知ることもできる。例えば、「心」を使っている語は多いけれども、心が上に乗っている漢字はなく、心は内に秘めたり、下に置かれて土台になっていることを知れば、言葉の生成過程に感動させられるのである。

　昔CDランキングを見て驚いたことがあった。全米のビルボード誌のヒットチャートかと思われるほど、ベストテン内にはずら

りと英語のタイトルが並んでいた。ちなみに一位はあの17歳の天才歌手、宇多田ヒカルの'Movin' on Without You'であった。それ以来、ヒッキーフリークとなってしまったが、その「ヒッキー」が引きこもりの別称か愛称ともなっているのは残念至極である。そこで大変身を遂げた、'Addicted to You'「君に夢中」がリリースされ、コマーシャルソングとしてHeavy Rotationされると、英語と日本語とがチャンポンになっている歌詞も定着してくる。'Wait & See～リスク～'も*Hero*の主題歌の'Can You Keep A Secret?'もなかなかのヒットである。意味だけではなく、意味以上の何かを、混合した音の中に若者はフィーリングでキャッチしていることを感じさせるとともに、文化融合が確実に進行していることが分かるのである。

　戦争には緊張感とエネルギー発露が伴うためか、camp、campaign、recruitなどといろいろな語彙が生み出されている。「戦争花嫁」と言えば、ロマンティックで悲しい響きがあるが、NHKの対談番組の中で、新藤兼人監督の口から「ピクチュア・ブライド」(picture bride) という言葉が聞かれた。コンテキストから言えばおそらく、遠く離れた外国へと写真だけで嫁いでいくことであり、「写真婚」とか「代理婚」と呼ばれるものである。今は死語とも思えるが、移民の歴史の中にはこの和製英語が深く刻み込まれているようである。英語ではmarriage by proxy「代理婚」と使われている。その点では、日本の「お見合い婚」にルーツがあるのかもしれない。ところがインドでもイスラム社会で

は、この様な形式の結婚があるそうである。さらにギリシャには、「見合い結婚こそ最良の結婚である」という古い諺もあるそうである。

今気になっているのは、くしゃみは「ハクショーン」と決まって表現しているが、英語では「アッチュ」と言うことから、このルーツは一体何処にあるのだろうか。その後に、Bless you! と言うところには、日本にもある「まじない」であり、一緒に魂が飛び出していくことを恐れてのことであろう。

(8) 対　語

紳士と淑女と言えばgentlemanとladyと決まっているように思い込んでいるが、当然のことながら、実はladyとほぼ同じ意味でgentlewomanもある。このように言葉は対語として形成されてきた自然の経緯があったのである。

ところが事情は変化しているようである。1999年4月1日から「男女雇用機会均等法」が改正され、セクハラ狩りが市民権を得て、あのメディア界の「言葉狩り」のようなことにならねば良いがと心配しつつ、魔女狩りのようなことにもならねば良いがと思う次第である。いやこの場合には、魔男狩りと言うべきだが、「まおとこ」では誤解されることになるので、魔女がやはりぴったりなのである。こう言えば、またまた魔界からもイエローカードを切られることになる。男性の方も含めて魔法使いと言うべき

かもしれないが、魔法使い狩りでは何ともしまらない。その点、英語では全体をmagicianとして、女をwitchとし、男はwizardと分けているので誤解はない。なお、粋な御仁のために、間男はparamourと言うが、para-とは異常とか不正であり、決してパラダイスのパラではないのである。話題のparasiteは「寄生虫」であるが、生きると言うことは、ある意味ではパラサイトしていることになるのであるから、デビ夫人もinterdependentを知らないのかと言い続けないで、ご理解いただきたい。

とにかく、元来均等ではないのに、均等でなくてはならないのである。このことから、女性だけ、男性だけの限定募集ができなくなるので、「レース・クィーン」や「キャンパス・クィーン」などという募集がなくなるかもしれないと、残念がっている美女と、この法律にはアウトローの心配性がいるらしい。私はどちらでもないが、これを機会に各種の限定している呼び名を変更すべきかもしれない。すでに使われているが、stewardとstewardessを合わせてflight attendantであり、waiterとwaitressとを合わせてfloor staffであり、salesmanとsalesladyとを合わせてsalespersonかsales staffなどである。もちろん看護婦は「看護士」に含まれることになり、保母も保父も「保育士」に替えられることになり、昨今筋弛緩剤で話題の「介護士」は当然であるが、女性専門の助産婦に男性が参入し「助産士」となっていくのであろう。ここ近年、アマゾネスの世界制覇は音もなく静かに潜行しているようである。そうなれば頭の固い御仁にはサルタンのハー

レムどころか、ミツバチの逆ハーレムの世界までをも懐かしむことであろう。

しかし、これも環境ホルモンが細胞の自己破壊システムに作用しているとすれば、生態学的にも人類はすでに衰退から消滅へと向かっていることになるのではないだろうか。こう言えば、人類を脅迫する末法思想だと叩かれることであろう。人間とは死ぬまで楽観思想を生きていたいのである。地球の寿命が100億年として、50億年がすぎれば消滅へと向かっていることは厳然たる事実なのである。死ぬことから生きることの意味が生じてくるのであり、したがって、死ぬことは素晴らしくて美しいのである、と言えば、お先にどうぞ、と初めて譲られることであろう。これもまた環境ホルモンのせいだと思われるが、世の女性が狂喜乱舞しているさなか、なぜか男性だけが中性化しているのである。かくも男性とは敏感な存在なのである、と断言しておくべきである。これまでの生物の歴史を管見し鳥瞰すれば、敏感さが消失すると生物はメス化に向かう、と思わずもがなのところがないわけでも、あるわけでもないこともない。とにかくこのまま放置すれば、近い将来には、あらゆるものが女性名称で全体を総称される時代がやってくることになることは確実であるかもしれないのだ。これこそbioethics「生物倫理」から言えば、セクハラどころの騒ぎではない。その時には逆セクハラで訴えてやりたいが、そのころには皆が中性化しているので、セクハラという言葉は有名無実化して消滅しているか、それとも「メスハラ（雌腹）」が叫ばれて

いるかもしれないのだ!? またこんなことを言っていると、またぞろかみつかれることになるのが落ちだ。

　かのシェイクスピアが、Frailty, thy name is woman!「弱き者、汝の名は女なり」と *Hamlet* で言わしめたが、シカの密猟で捕まりそうになったからとしてはいるが、妻を置いて逃げたことに変わりはないのだから、この誘惑に弱い者、脆き者こそ、実は彼自身のことだったのではないのか。それとも当時男性中心の舞台の上だけで強がっていたのか、と思いを馳せれば馳せるほど、勇ましくヤリを振るうこの御仁にしてこうなのだから、男性とは赤ん坊同然の helpless な存在と知るべきである。男性を大切に育てなければ、人類が滅亡し、この社会が消滅することを早く認識して欲しい。かつてボヴォァール女史も言ったように、女性に生まれるのではない、女性になるのである。ひいては、男性に生まれるのではない、男性になるのだ、とすれば、まさに環境とか土壌のホルモン、文学的に言えばアフォーダンスの重要性を今更ながらも認識すべきである。

　でもこんなことを力説する傍らでは、生殖には頼らずに、単一の細胞から個体細胞を発生させる研究が進み、Cloning クローン人間を作り出す準備段階として動物実験にまですでに及んでいるのである。トヨタのコマーシャルにあった踊る赤ん坊達 (Dancing Babies) はクローンを物語っているようで、なんとも気持ちが悪い。helpless な赤ん坊には無条件に可愛さを感じるのが人間の本能的な快感原則であったはずである。ところが時代は

すでに男女という性のない、そして生殖もない、という二重の意味でのsexless時代に入ろうとしているのである。そう、読者諸賢にはお気づきのように、sexlessとは「無性」のことであり、男でも女でもないことになる。なのに「バイアグラ」解禁とはこれ如何に？　すでにこの境地に入っておられるご老体にはご苦労様と、そしてKeep it up! と申し上げておきたい。しかし、ご使用にはくれぐれも、Check it out!。

　以上の考察の結果、これまで、originalに対してはすぐにcopyを考えるが、パスポートではoriginalの対としては「模造」や「偽造」のfakeが使われている。しかし、これからはコピーやフェイクよりも、Cloningクローンこそが市民権を得る時代になるかもしれないのである。

　また最近、野茂、佐々木に続き、イチローも大リーグのマリナーズで大活躍中である。そしてあの替え玉事件の松坂も挑戦してみたいと言う話題のMajor Leagueと言えばアメリカ大リーグのことであるが、大リーグと言うからには、Big Leagueという言い方もある。major（1軍）の下には、farm（2軍）ならぬMinor Leagueがある。ところがBig Leagueに対してのLittle Leagueといえば「少年リーグ」のことなのである。最近では、littleの上にsenior leagueもあるようである。ところで、日本では3番4番5番を「クリーンナップトリオ」と呼んでいるが、Majorではclean-up manは4番バッターだけのことである。それ故に、MVP（the most valuable player）として結果を残した

松井秀樹は巨人軍の4番にこだわったのであろうか。また、メディアの方では、MIP (the most impressive player) もあり、もっとも印象に残った選手としている。

　日本語では、赤子から、赤ちゃん、そして赤ん坊などとあるが、赤ん坊は男の子でででなくて良いのだろうか。英語では、赤ちゃんには男女の区別を付けず、itを代名詞にするのが普通であるが、特に両者を区別する場合には、he‐babyとかshe‐babyとするのであって、決してboy‐babyとかgirl‐babyとはしない。boyとかgirlには赤ん坊とは一線を画し、かなりの幅のある男と女のことを表しているからである。例えば、The boys have got separated from the girls. ここでは決して少年と少女だけのことではなく、大人の男と女を分けても良いのである。なんと驚くなかれ、フランスが支配していた中英語の時代には、girleは「子供」の意味であり、男の子のことも含んでいたのである。だからといって、今更、男の子をガールと呼べば、怪しまれることになる。ところでI want to grow old quickly. は決して年寄りになりたいのではない。growは物理的な成長のことであるから、早く大人になりたいのである。ところが今の子供たちは大人になりたがらないのである。決して、大人が理想ではないからである。

　ようやく1999年に子供の権利条約が批准されたが、子供とは18歳未満のことであり、老人（senior citizen）とは65歳以上として規定されていることをご存じだろうか。「子供の発見」の時代といわれる18世紀末には、大人の憧憬の対象としての子供、

つまり何も失われていない存在、つまり全てを潜在させる子供の絵を描いた画家として、レイノルズやロレンスなどがいる。また、エレン・ケイは「21世紀は子供の世紀にしよう」と呼びかけたのである。それまでの子供が如何に虐げられた存在であったかが理解されるが、果たしてそうなっているのであろうか。弱いものに向かっていく児童虐待のニュースは今も後を絶たない。

ところで、英国では成人向けの映画は18歳未満禁止の「X」と14歳未満禁止の「AA」と、親の指導が望ましい「A」と一般の「U」に分けられている。米国では、それを「X」、「R」、「PG」、「G」とに分かれている。その点、日本では米国でのrestrictedのrからRとしているのを真似て「R指定」としているのである。日本の分け方は18歳未満入場禁止かどうかだけであり、さすが英米はチョイスの国だと分かるのである。それは評価にも表れている。日本ではかつて甲乙丙丁であったが、今では、優・良・可・不可である。ところが英語ではABCDFの5段階評価が普通であり、さらには、「AAa」から「AAA」という「トリプルA」になったと、保険会社の格付けが上がったことをコマーシャル・コピーにしているように、細分化しているのである。

(9) 比喩と象徴

O. Wildeの作品には様々な社会階層が描かれているが、それは彼の個人的な視野から見たものでありながら、当時の社会や世

相を映し出しているのである。'The Happy Prince'でも富裕なる権力者に対して、貧しい庶民が描かれている。貧しい者としては、屋根裏部屋に住むstudentとはいえ芸術家の卵の卵であり、針子（縫子）などである。窓の開いた寒々しい屋根裏部屋にしか住むことの出来ない脚本家の卵であり、指は酷使で赤く腫れ上がり、眼が充血している針子は当時の典型的な貧しい人々であった。

　C. Dickensによれば、hearth「暖炉」ではcricket「コオロギ」が鳴くところであるが、比喩的には「家庭」を意味しているのである。日本ではコオロギではなく、竈馬「カマドゥマ」であろうか。またdoorstepと言えば戸口の「踏み段」のことだと思い込んでいるが、比喩的には「厚切りパン」のことも表すのである。しかし、日本の印象とは異なり、どうやら「踏み段」のようなパンを好む人が少ないことから、誉めた喩えではないようである。

　動物と言えばまず犬であるが、Godと逆の綴りのdogであることから、あまりイメージのよくないものが多い。『宝島』のThe old sea dogは海にいる老犬ではなく「老海賊」のことであり、crime dogは「犯罪野郎」である。しかし、dogに対して猟犬を表すhoundのほうが格は上である。Grey Houndというバス会社もある。このgreyhoundは灰色の猟犬としてしまうが、greyはアナグマを意味しているので、アナグマ用の猟犬からきているのである。猟犬としてsporting dogsという言い方もある。sportがもともとは狩猟を意味していたからである。また川をライオンに

第1章 語彙の差異　73

喩えているものに、The river was a lion that morning in strength, voice and colour.（E. M. Forster: *A Room with a View*）がある。またアリ食いならいざしらず、あの小さなウスバカゲロウの幼虫であるアリ地獄を"antlion"と呼ぶのは、あの独特の形態からきているのであろうか。

　犬も歩けば猫もいるが、イメージの悪いものが多く、cat burglarやcatcall、そしてcathouseもある。あのことを「ニャンニャン」とは、けだし名言かもしれないが、英語圏から来ていることは間違いないことである。また猫のようなお髭の持ち主であることから、「猫魚」とも言うべきcatfish「ナマズ」もいる。

　形から後楽園球場はBig Eggと呼ばれているが、ドラマにもなっているように羽田空港の愛称は飛行機にちなんでBig Wingである。それをBig Birdとガイドに間違って紹介されたこともあったが、そもそもbirdとは小鳥のことであり、「人形の家」のノラは「可愛い小鳥ちゃん」と言うことで「バーディ」と呼ばれていたのである。そうであればこれはオクシモロン（撞着語法）としてか、それともビー音の快い頭韻の遊びに心奪われて、あまり意味はないのかもしれない。

　タカ派の石原慎太郎氏が都政にもバランスシートが必要と訴えて当選し、不景気のさなか「外形標準課税」を可決したが、都知事選のテレビの討論で、都庁の建物がバベルの塔まがいの豪華な建物であることを、英国での庁舎をrat house、つまり「ドブネズミの館」であることと比較していた。普通ならcity hallであ

る。その関連語句にratabilityがあり、「地方税の納入義務」という意味であるところから、ratとは実は「市民」の蔑称である。したがって、ネズミが棲むような汚いところという意味も含まれているかもしれないが、「一般庶民の集まる建物」のことなのである。おそらく、王宮や貴族の館に比べて、この様な呼称をしたのではないかと推測される。そう言えば、西部から憧れてニューヨークにやってきた若者が堕落していく姿を描き、その連れとしてダスティン・ホフマンが主演している『真夜中のカウボーイ』という名作があるが、その中で彼は「ラッツォー」(「溝ネズミ野郎」)と呼ばれていた。

溝ネズミに比べれば、ヒヨコは可愛いことこの上ないのに、"You chicken!"「この臆病者！」と呼ばれるのである。そこでジェームス・ディーンの映画『理由なき反抗』でも行われていたが、臆病者かどうかを試す肝試しに「チキンレース」がある。お互いに崖に向かって車を走らせたり、お互いに向かい合って反対側から車を走らせたりして、早くブレーキ(brakeはブレイクと発音)を踏んだ方が負ける、というゲームである。

owl(フクロウ)と言えば、中世には無知のシンボルであったのだが、現在ではsmartやcleverを超えて、叡知(wise)の象徴として好まれているようである。日本での印象とは異なり、外国では、落ち着きのある賢そうな顔つきと映るようである。その形容詞のowlishが"look sage like an owl"からも、一見、賢そうであるが実際は「愚かな」ことを表しているが、好まれている

ことは確かである。それが証拠に、フクロウの置物はほとんどが外国産であり、種類も実に豊富であるからだ。ところで、最近、生徒の中に昼と夜が逆転して登校できなくなる現象があり、それを「フクロウ現象」と呼んでいるようである。この様なネェィミングからも日本ではフクロウには悪いイメージが窺えるのである。最近、『梟の城』と言う映画がリリースされて、"Owl's Castle"とネェィミングされている。それも忍者の暗躍する闇の世界とフクロウが結びついているようである。日本ではマイナスイメージが強い存在である。

　ところでバラエティ系に「ココリコ」というコンビがいるが、その名前は喫茶店名から採ったものであり、その由来はフランス語のニワトリの鳴き声から来ているとのことである。そこでバラエティを「お笑い系」として使っているのだが、varietyからも「いろいろな人がたくさん出ている」番組のことなのである。

(10) 文　化

　経済も生き物と言われるが、ドル経済圏に対抗して生まれたユーロ経済圏と円経済圏を合わせて、三大貨幣経済圏が生じることになった。しかし、やがてユーロ圏はドル圏に制覇されてしまうだろうと言われている。確かにその前から、例えばフランスと言えども、石油を買い入れるときはフランスフラン貨は使えず、ドルでないと決済はできなかったことからもすでにドル支配は始ま

っていたのである。さらにベルギーのアントワープでその取引のほとんどが行われているというダイアモンドでも、決済は必ずUSドルと決まっているそうである。そして、ユーロの言葉はフランス語、ドイツ語、イタリア語、スペイン語等と多様であることから、その間のコミュニケーション手段は英語によっていると言う。このことから「英語経済圏」はすでに形成されていることになり、E. サィード流に言えば支配の一形式であることから、Englishnessとか英語支配ということで「英語帝国主義」などとも言われている。かつては、Britishnessという「英国帝国主義」もあった。しかし、必要に迫られてのことであり、いわばマーケットが決定することであり、その趨勢を無視して現代を生きることは不可能である。確かに、湯川秀樹氏の「少数に真理あり」という言葉も真実であることから、自国のスタンダードと世界のスタンダードがぶつかり合うことになるのであり、言葉は悪いがダブル・スタンダードを余儀なく迫られているのである。

　そう言えばユーゴスラビアのコソボ紛争でまたぞろ噴き出しているのは、サラエボでもそうであったようにethnic cleansing「民族浄化」の問題である。冷戦という二大国家の重石が取れると、まさにパンドラの箱が開いたように、国家意識が弱まって、国境的にはボーダレスになってくると、民族意識が高まって、民族間の問題が表面化してくるという皮肉な現象が見られるようである。世界が微妙なバランスによって保たれていたことが、今更ながら理解される。たとえそれが必要悪ではあっても、それによ

って保たれ、押さえられていたことは確かである。やはり長い間に、システムとして構造化した社会では、それなりのバランスによって保たれているのである。

The Balance of Power は果てしのない軍拡競争に拍車をかけるので良くないと言われているが、現実に紛争が勃発している最中には、悲しいかな、理想論だけでは説得力はないし、慰めにもならないので、これも必要な手段と認めざるを得ないのかもしれない。防衛政府委員が過激発言で就任二週間で辞任となったが、彼のように全面的な悲観論不信論で考えるのか、それとも全面的な楽観論信用論で考えるかの相違である。ちょうどロスのサンバナディノのホテルで深夜 ANN のニュースで知った、あのイラクが突然攻め込んできたクゥエートの惨状を知れば、盗人にも何とかの如く、彼の言うことにも一理ある。ところが、かつてこれを経験している民族なのに、これを聞いて怒る人は典型的な日本人であり、泥縄の危機管理しかできない民族なのである。アメリカに守られていることからくる平和ぼけなので、自立などを考えてはいけない。もし自立となれば、まさに意識改革は必須であり、アメと鞭の両刀が必要となってくるはずである。

最近、「リストラ」ばやりで、事務所の統廃合により、事務所を持たず移動事務所のような形で営業を続ける、telework というシステムができたようである。「tele＝離れて」、「働く」ことから、会社とか事務所に出勤しない形のことである。さらに手に触れて確かめる必要性のない商品はインターネット上での取引の

可能性を模索していることから、店舗が不必要であるとか、店舗をヒンターランドの近辺に置く必要性がないとも言われ始めている。またE-commerceというネットでの取引がコマーシャルでも流れている。

　Hebraism（ヘブライズム）とHellenism（ヘレニズム）の振り子現象は歴史の二大潮流であるが、人間性を押さえたPuritan（ピューリタン）は、演劇でも虚構の世界を現出して人間の心を惑わすとして禁じた。かつてギリシャの哲学者プラトンがギリシャ悲劇は人間を悪化させ退化させるものとした流れの中にある。その反対にカタルシスになるとして悲劇（芸術）を擁護したのが、アリストテレスである。面白いのは、人間性を解放した時代ほどすばらしい傑作を生みだしていることである。ところで、ご存じの通り、プラトニック・ラブがプラトンから由来していることは言うまでもない。彼にはあちらの性癖があったと言われている。

　2000年シドニー・オリンピックでも、見事に日の丸がはためいていたが、yellowではなくredの日の丸は、太陽でも「赤い」太陽が不吉な前兆を意味していることからも、The Red Sunではなく、The Rising Sunとしていて、日本国もThe Land of the Rising Sunと誇称する場合もある。日の丸とは言うが、実は「上る朝日」のことである。かつて「陽の没する国」として中国の国王を怒らせたと言われているのも、これが理由である。古代には太陽神の崇拝が必ず見られるが、太陽そのものにではなく、移動する太陽に神を見たのである。金メダルの受賞の後、国歌斉

唱での上がりゆく日の丸こそ、このThe Rising Sunではないか、と思い、痛く感動したものである。また、イチローの大リーグ「マリナーズ」への移籍後のアメリカの雑誌では、「旭日旗」に掛けて、"Rising Son"としていた。さしずめ、「成長（進化）する息子」と言ったところであろうか。その評価は当たっていた。マスメディアは正直なものであり、日本のプロ野球よりもイチローの活躍などをいち早く先に報道するようになってきた。その新聞報道の中に、Ichiro translates to win. と出ていたが、translateとは「勝利へと転換する」という意味であり、「勝利を呼ぶ男」でもある。そして、最近では連続ヒット記録で、You are the man.（男の中の男＝たいした奴だ）と言わしめているのだ。

(11) 誤　訳

　誤訳の実例であるが、post-impressionismを「後期印象派」として通っているが、実はpostとは「〜以降」という意味であって、後期のことではない。したがって「印象派以降」とすべきである。しかし、八重樫春樹『反逆する絵画』（日本経済新聞社）によれば、「後期印象主義は新印象主義とは違って、ある特定のイズムや流派を示す言葉ではなく、新印象主義をも含めて印象主義以降に登場するあらゆる傾向を包括している」のだそうである。

　その点では、post-colonialismを「脱植民地化」と訳している

のは、なかなかの慧眼ではあるが、脱植民地化ならばdecolonizationの方が正式である。植民地と言えば、E. M. フォースターという小説家の *A Passage to India* という映画化もされた作品があるが、このpassageを「道」と訳しているが、いささか問題もある。これはroadやwayとは異なり、抽象名詞であるから「行路」とすべきとの異見もあったが、本来の意味は古来より「水路」のことをpassageと呼び慣わしてきたのであるから、「航路」が自然である。そう言えば、W. ホィットマンの詩では『インドへの航路』とした訳者もいた。

The Crystal Palaceと言えば、英国での第一回万国博の会場となった「水晶宮」である。水晶と言えば鉱石のように思い込んでいるが、実は鉛ガラス製にすぎない。

My homeとMy houseは異なると言えば、大きさとか家族愛とかが浮かぶけれども、実は大違いである。確かに、「マイホームパパ」とか「マイホーム主義」とも言うが、マイハウスパパとかマイハウス主義とは決して言わない。歌では江利チエミもCome on, my house. My house, come on. と歌っていた。「私の家においで」と言うのなら、日本ではマイホームの場合が多い。実は、my houseは自分の所有している家のことであり、my homeは所有とは無関係であり、現在住居としていることを問題としている言い方である。したがって、当然Englishman's home is a castle. とEnglishman's house is a castle. とでは意味内容が異なってくる。

ところで認識不足による誤訳しやすいものとして、poetryという言葉がある。アリストテレスの詩学として、ポエティクスを訳しているが、poetryの場合もそうであるが、未分化状態にあっては「文学全般」のことであり、いわゆる詩歌だけのことではない。その点では、既婚女性はMrs. としているが、18世紀には未婚も既婚もMrs. としていたのである。今、その表現を拒否して、Ms. として既婚と未婚の区別をなくしていることは、先祖帰り的なことになり、何とも面白い現象である。

　また「戦利品」の英語表現はspoils of warであるが、ラテン語の「動物の皮を剥ぐ」から略奪と関連しているのであり、決して甘やかして駄目にすることではない。

　またパール・バックの『大地』も、原題では*The Good Earth*である。「大地の大いなる恵み」や人々を育んできたマザー・アースや大地母神の優しさを彷彿とさせるものとなっている。

(12) 新　語

　アメリカもメンツにかかわらずに、良いと思われることはどんどん輸入し採用するようである。例えば、ユニフォームを採り入れたり、最近は実験校としてmagnet schoolなるものを試みている。都市の中心部の学校の質を良くして、黒人以外の生徒を惹きつけるような試みである。磁石のように皆を惹きつけるとは、面白いことである。

1998年1月の*Times Literary Supplement*に英国の前年度の新語としてinternot「インターノット」が挙げられていた。インターネットを積極的に使用しない人、つまり拒否をしている人のことであるらしい。

ところで最近私のメールにも二度にわたってウイルスが送られてきた。これはハッカー（Hacker）というコンピュータを駆使する犯罪者として認知されているのだが、実はコンピュータのプロフェッショナルとして、今流に言えば、「カリスマ」と形容すべきであるとして、「正義の味方」として復権している。その反対にコンピュータを駆使する悪者はクラッカー（Cracker）と呼ばれている。そこで、「昼間はハッカー、夜はクラッカー」とするホームページまでできている始末である。

最近、化粧品のコマーシャルで"No more rules"としていたが、どうやらこれは日本だけの話であり、英語圏では違和感があるのではないだろうか。「ルールはいらない」とか「ルールなんてくそ食らえ」であれば、ルールで初めて秩序が維持される文化圏では、強盗やギャングの言葉ならまだしも、口紅リップのこのコピーこそNo more rule! である。もちろん、作った方では、「これまでのやり方を変えろ」くらいの意味であろう。

2000年、企業で進行している実力評価のことを「コンピテンシー評価」と呼ばれていた。competencyのことであり、実力や資格のことであるが、特に現実に動くことの出来る能力を指しているようである。資格と言えば、残念ながら、オリンピック出場

はならず、次々と廃部を余儀なくされているが、シドニーオリンピックのバレーボール最終予選をFinal Qualificationとしていた。資格のあるqualifiedから、最終資格審査と言うことになる。

　まるでかつて日本製品の優秀さの証としていた製品管理のQC（quality control）やTQC（total quality control）のようである。ところが最近は、情報公開と言わんばかりに、これでもか、これでもかと、どんどん暴露され内部告発されている。内部抗争の表面化か、それとも成長期から爛熟のピークを過ぎて、腐り崩壊へと向かっているのか。それとも粗製濫造のベビーブーマー世代のつけなのか。官僚、警察、雪印、三菱などと権力組織かブルーチップス（一流企業）ばかりである。悲惨なのは、隠すほど、益々ひどくなっているのに、どうしても隠そうとする。日本人の癖なのか、人間だからか。これまでなら、秘密裏に運ばれていたことが明らかになっている、と喜ぶべきことなのか、本当に自己管理能力が落ちてコントロールが効かなくなった、と悲しむべきことなのか、分からない。悲しいことには、たぶん、他の会社でも起こっていると想像してしまうことである。権威の失墜、信用や常識の崩壊、とくれば、今こそ大革命が進展していると考えるべきなのかもしれない。自然淘汰されているのである。

　最近になって、特に夏、耳にする言葉として、「heat island現象」がある。主に都市部に、局地的に熱しやすく暑くなる現象のことである。

　また「プロポリス」という新種の薬効物がドリンク剤などで脚

光を浴びている。どのような意味かと調べれば、ミツバチの六角形の巣を強化するために塗り固めた物質のことらしい。元来、ポリスは都市国家なので、それを強化する意味から、プロポリスは「城壁」のことである。

　21世紀最初の成人式で、躾の悪さか、儀式でも静粛にできない新成人を市長が告訴したとのことで、我がふるさとでは蜂の巣をつついたような大騒ぎである。そこで「オーバーキル」という語が躍り出した。overkillのことであり、「過剰」に制裁を加えることである。その場で注意をしない大人も情けないが、さりとて演壇の上から注意するのならたやすいかもしれない。駅前あたりで、一対多でも注意できるのだろうか。そんなことしたら、せいぜい「親父狩り」に会うのが落ちであろう。叱れることには、両者にそれだけのコンセンサスが必要なのだ。

　物騒な世の中と言えば、「ピッキング被害」もこの頃よく聞く言葉である。すぐにスリ盗るpickからpickpocketへと連想しがちであるが、この場合には、「(錠)をこじ開ける」のpickからきているpickingである。

　さらに最近、椎茸や畳表やタオルなどの外国の安価な商品の急激な輸入を一時的に調整して、国内業者を保護する方法として、保護貿易であるsafeguardが取り入れられている。

　また話題の小泉総理を *The Japan Times* 紙では、Juniciro Koizumi,the Liberal Democrafic Party's new president,has been dubbed by fellow lawnmakers a maverick, an eccentric, a heretic and "the Don Quixote of the political world." として「一匹狼」と紹介されていたが、実は「焼き印のない子牛」であり、「浮浪人」のことでもある。

第2章　語源問題

　言葉遊びのように、まったく関係のない言葉を音が似ているだけで結びつけてしまうことがよくある。語源と言えば、諸説紛々の物語が付いているのも、こうしたところと関係しているのかもしれない。例えば、ヌートカ・インディアンには「骨」という意味の"hamot"という言葉があると聞いて、すぐにハモというあの骨の多い魚を連想した。ところが調べてみれば、ハモは「はむ」から来ているとのことであり、英語ではpike eelとかconger eelであり、ウナギ科であることが説明されていて、骨とは無関係なので、両者に関係がないことが分かった。

　ところでウナギの語源は胸の部分にある黄色が、「胸黄(ムネギ)」と呼ばれていたところから訛ってウナギとなったそうである。ついでながらゴジラの語源はご存じだろうか。『広辞苑』によれば、ゴリラとクジラの合成語だそうである。同じ合成でも「クリラ」としたのでは、可愛すぎて怖さは出てこないから不思議である。

　また神話を読んでいると、黒主（クロヌス（シ））という存在が主人公のように扱われていた。そこでギリシャの時の神であるクロノスを連想した。また広島県の吉和の冠山に黒尊岩があると

聞いて、何か関係があるのではないかと思い、世界的同時性か共時性における大発見ではないかと、どきどきしたことがある。これは拘留孫仏(くるそん)に関係しているようである。これは単なる偶然から音的に似かよっているのか、あるいはそれ以上の不可思議で深遠なる歴史的な意味があるのか。残念ながら、今のところ、これ以上の探求は進んでいない。

　このように語源の話には、にわかに信じがたいもの、驚かされるもの、面白いもの、そして眉唾ものも多い。さらに現在の意味と比べて、まったくかけ離れていたり、下降あり、上昇ありと知れば、そこには歴史を重ねてきた深い物語が横たわっていることを知らされることになるのである。

(1) 自　然

　「春一番」といえば、寒い冬がやっと終わり春が来る兆しとして、心待ちにしていた「温かい南風」と思い込んでいる。やはり春という言葉がこの様なイメージを抱かせるのである。ところがこの言葉のルーツはとても悲しい海難事故に由来しているという。漁で沖に出ていた船が、この風によって転覆し、23人の命が失われたという。この事件の報道時に、新聞紙上で初めて「春一番」と、この風を呼んだそうである。言葉にはそれぞれこの様な物語があり、怖くて恐ろしい風と認識している人達もいると知れば、春一番も軽々には使えない言葉になるのである。年配には、

あの「キャンディーズ」のヒット曲「春一番」を思い出して、涙に濡れる人もいるかもしれない。さらに、プロレスのアントニオ猪木の真似をしているお笑い系の「春一番」を思い出すようなもっとマニアックな者もいるかもしれない。

このように風といっても、強さとか季節によって、その意味合いが異なるように、「風の眼」という意味からきているwindowも、換気として、採光として、眺望として、などという物理的な効用は、裏を返せば、寒い風が入ってくる、家が弱くなる、光が強すぎて灼ける、外から見られる、といった弊害まで伴うことになることから、二重性や象徴的な意味まで込められることになり、まさに多重な意味を帯びたものなのである。例えば、裏窓や飾り窓にも特別な意味が込められている。さらに、窓ヶ岳のように、山の名前に窓が付いている場合には、頂上部で山が二つに切れて間から眺望があることであり、キレットがある山のことである。窓といえば反射的にwindowとするが、上げ下げ窓とか引き窓の場合にはsashであり、採光用の窓ならlightと呼ぶ。16世紀あたりから19世紀半ばまで、窓税window taxという重税が科せられていた英国では、窓はステイタス・シンボルとなり、権力の誇示や、贅沢の意味合いが強くなっていったようである。それだけにより強く窓にこだわってきたことが、物理的な建築様式ばかりでなく、絵画や小説や映画でも重要な意味を象徴させられてきたことから理解されるのである。

メル友ドラマの「ハタさん」以来有名になった、once in a

blue moonとは、青い月は滅多に見られないことから、まれなことや叶わないことを表している。そして無い物ねだりは、crying for the moonである。また詐欺師の映画でPaper Moonがあった。やはり昼間の太陽の下では現実があり、白く晒された月光の下では非現実や狂気の世界が展開されているようである。さらに雨といえばrain check「後日の約束」という言葉がある。今は辞退しても、後に要求する約束のことである。

日本でチョークと言えば、黒板に板書するときの白墨（chalk）か、プロレスのチョーク（choke）攻撃ぐらいしか考えられないのだが、英語でchalkと言えば、あのドーバー辺りの、イングランド南東部に多く見られる白亜系の泥灰質の地層のことであり、英国人には昔から馴染みの自然な風景を表すのである。

常識とは如何に怪しいものであることか。テレビでアメリカ人が、初対面で髪を誉めるのは「ゲイ」であり、これはアメリカの常識だと言っていたが、みどりの黒髪やおどろおどろしい茶髪の国の住人である日本人はみんなゲイだ、と言うことになる。常識とは、同じ背景や環境下でしか成立しない狭い範囲の中にあるものなのである。

(2) 果　物

日本に初めてトマトが入ってきたとき、人々はそれを「赤ナス」と呼んだそうである。その呼称はアメリカ式の「トメィトー」で

はなく、英国式の「トマート」に近いところから見て、早い時期に入ってきたと思われる。英語では、tomatoばかりでなく、an apple of loveと呼ばれることもある。この時appleには果実に近い意味があり、ニューヨークをBig Appleと呼ぶところからも、特に「良いものを」指しているようである。pineappleと言うのも、松かさのような皮に包まれていることからpineのapple「実」と関係しているようであり、「なす紺」という色からきているaubergineもあるが、卵のような形をした実からegg appleとナスのことを別称したのであろう。ところで、人間にもappleがあり、Adam's appleとは「のどぼとけ」のことである。ヘブライ語でアダムは「人間」のことであるから、「人間についているリンゴ」とは、やはりその形状からきていると思われる。

ところでマロニエと言えば、すぐに栗の木と思い込んでしまうが、実は「トチノキ」のことであり、いわゆる栗のsweet chestnutに対してhorse chestnutとしている。もちろん、堅果はすべてnutであるから、nutで栗としているのも自然なことである。

今ではミカンと言っているが、かつては同じものをタチバナ（橘）と呼んでいたそうである。 橘 逸勢がタチバナ（＝ミカン）の早生（＝ハヤナリ）の地に流されたことは、なかなか面白いことだと、言語学者の金田一春彦先生が例の顔で如何にもうれしそうに喋っていた。駄洒落と言えば、人気ミュージック・グループ名の「ラルク・アン・シェル」は、フランス語で虹のことで

あるそうだが、英語では、rainbow,つまり「雨」＋「弓」で弓状に雨が降って出来ているとし、漢字では虹、つまり「虫」＋「工」で、虫が造（工）っていると想像したのである。ところで漢字では一字で虹なのに、一字なのに「ニジ」とはこれ如何に？、である。

(3) ルーツの差異

　日本語の中の漢語にあたるのが、英語の場合にはラテン語であるけれども、ラテン語系列にあるフランス語系は抽象的な言葉であり、チュートン系は古英語で庶民のやさしい生活語である。つまりラテン・フランス語系とチュートン・古英語との差異が当然ある。聖書はラテン語と決まっていたが、それを英語で書き改めるに際して、格調が落ち、品位が下がるとして、大問題になったようである。したがって、それからも『欽定英訳聖書』の歴史的意義が大きかったことは想像にあまりあることである。かつて教養と言えば、ラテン語やギリシャ語の修得であったこともまた頷けることである。

　ルーツの差異と言えば、春はspringだけと思い込んでいるが、実はspringに春の意味が加わったのは16世紀のことである。その点、ラテン語のvernalは「春の」という意味の形容詞で使われているが、ずっと古いものである。そこで、化粧品革命に挑戦していると豪語している石鹸メーカ名にVernal「バーナル」が

使用されているが、「青春の」、「はつらつとした」という意味を考えてのことであろう。化粧品は必要でなく、石鹸を使用するだけでよいのだと言う。ではこれまでの化粧品とは一体何だったのか？触れてはならない逆鱗に触れたかもしれない。この逆鱗とは龍の顎の下あたりに付いている一枚の鱗のことであり、これに触れると龍は怒り狂うそうである。また、京都を舞台としたドラマで、「竜胆」を「リンドウ」とルビで読ませていたので、ワープロでリンドウと検索したところ、ちゃんと「竜胆」も出ていた。果たしてルーツはどこにあるのだろうか。

自分の知らなかったことを知るのは「眼から鱗」の心境であり、ドラマ以上に感動したことがある。ところで我が故郷には三郎池という讃岐特有のため池があり、そこには大きな龍のレプリカが堤を守っている。ここの伝説に大蛇の話がある。その話で初めて分かったのだが、立派な行為によって蛇が威厳のある龍になるのだそうである。では威厳を失った龍は蛇に降下するのだろうか。なんだか蛇にとても失礼な話になってしまった。あの道成寺の蛇になった清姫ではないが、恨まれぬように、くわばら、くわばら。とにかく人間とはなんと想像力たくましいことか、そして上昇志向や努力をいつも讃美するproductiveで楽観的な存在なのである。

バブル期にはリゾート・マンションが流行していたが、このresortリゾートを「保養地・観光地」と考えている人がほとんどである。ところが、語源では「出かける」という意味であり、保

養地でもあるが、盛り場も入っている。ところで英国の寒さは尋常ではないことから、避暑地"a summer resort"ならぬ、避寒地"a winter resort"が存在する。

また、parkも公園と訳して、「公」としているが、実は「個人の私有地」という意味からきている言葉なのである。ところでパークが野球場や駐車場にも牡蠣の養殖場にも使われるのは、「広々とした場所」からきているからである。

カリブ海（The Caribbean Sea）と聞けば、リゾート地を思い浮かべてしまうが、カリブの語源はcannibal「人食い人種」とも関係しているものであり、CanibはCaribの方言なのである。したがって、カリブには人食い人種がいたことからこのように命名されたことが分かる。くわばら、くわばら。

音楽では、本場のロックンロールには届かない、という意味でグレイのようなJ-pop、つまりJapan-popsがあり、その対極には「癒し系」があるそうであるが、このヒーリング・ブームの火付け役として、坂本龍一の"Energy Flow"というピアノ曲がヒットしたことがある。まさにエネルギーの流れであるが、M.チクセントミハイの「フロー体験」という『喜びの現象学』も説かれている。しかし、ここにも大いなる欠陥があり、良いようにばかり考えると反省はないので、学習効果がないことになる。さらには内省的であることが宗教心へと繋がっていくのであるから、ますます無宗教へと拍車を掛けることになるかもしれないのである。このようなブームの中で、造語としてアロマ・テラピー

とかアニマル・テラピーなどが生まれている。therapy（発音はテラピーではなく、セラピーである）とは「クスリを使わずに治療すること」であるから、芳香や動物によってストレスから解放され、心を癒すことなのである。

ところで「癒し系」美女とは、なんとあろうことか、視聴者の心を癒すような自然や風景をバックにして、写真に収まっている女性なのだそうである。

(4) 人を表す語彙

かつて日本には「アイスマン」と呼ばれるアイスキャンディがあったが、英語ではアイスクリームマン（ice-cream man）とは、アイスキャンディ売りのことであり、その関係から「アイスマン」が来ているのかもしれない。それとも本来の「氷売り」や「氷屋」と関係しているのかもしれないが、定かではない。したがって、manにはvenderと同様の行商で、「〜男」として「〜売り」の意味がある。あのジャズピアニストのハービー・ハンコックが1960年代に "Watermelon-man" という、「スイカ売り」の曲を作っているらしい。これよりスイカ売りもいたことが分かるのである。K. マンスフィールドの「カナリア」には小鳥売りのChinamanも出てくる。Chineseを使用せずに、Chinamanを使ったところには、英国でもたくましく物売りをする華僑の商魂が窺えるとともに、どこかに軽蔑的な響きも感じられる。

以上は男ばかりであるが、女性も職業として「～woman」と呼ばれていたようである。例えば、今ならクリーニング屋さんであろうが、その昔は毎週何回か洗濯をしに家までやってくる、washerwoman「洗濯女」がいたようであり、ここにも軽蔑的な響きがあって、その点では、laundressの方が上品な言い方である。また乳搾りもmilkmanと言うが、milkmaid (en) もあることから、乳搾りは若い女性、特に「処女航海」をmaiden voyageということからも、処女は神聖さと繋がっていたことが窺える。

しかし、manといっても、職業に繋がるwaterman「船頭」やoarsman「漕ぎ手」や、fireman「消防士」のような使い方もあれば、文字通りsnow manを「雪男」とする意味と、「雪だるま」とする使い方もある。マンと言えばcommon manで一般人を表すが、映画では *Ordinary People* としていた。

映画といえば、その昔、*Gremlin* では、悪者になったgismoが出てきたが、その意味は「得体の知れない名無しの権兵衛」であった。そして *Hard to Kill* では7年間の昏睡状態の男のカルテには"John Doe"と書かれていた。決して正式な名前ではなく、法的に姓名不詳の人物のことである。doeは雌シカや雌ウサギのことであるが、doに女性形のeが付加されたのかもしれない。

普通、未知のものには「X」が使われている。かつての名画に『マダムX』があり、テレビドラマでは『X－ファイル』があり、レントゲンの発見した「X線」もあるが、いずれも「未知のもの」

という意味から来ている。NHKでは『プロジェクト-X』がある。

また人魚はマーメイドであるが、mermanマーマンという人魚の男もいる。mermaidとはmere海とmaid乙女である。ほとんどがすばらしい肉体を伴うなまめかしい存在として描かれている所から考えると、男性がそこに象徴させたものが窺える。ところで「海ちゃん」と言う名前をどのように呼ぶかご存じだろうか? なんと阿藤海（あとうかい）もびっくりの「マリン」ちゃんと呼ぶのである。海と言えば船乗りがいて、Popeye the sailor-manとしているが、seamanならまだしもsailorがあるのに冗長に-manを付け加えるのは音の慣習からきた俗語である。しかし、washerをwasher-manとするのは、洗濯屋さんと洗濯機の両方の意味があるので、その区別を付けるためとも考えられる。

例えばワーヅワスの "The child is father of the man." とは、「子供とは大人の父である」のか「子供とは大人の元（源）である」のか。manが一人前の大人であるのに対して、子供はboyで総称される。漁夫の手伝いをする子供としてfisherboyとか、庭働きの少年としてgardenerの手伝いをするa garden boyとか、stableman馬丁の手伝いをするa stable boyとか、編集業務のお手伝いをするa copy boy等として使われているのである。このmanやboyと同様に複合語として使われているのがjackである。召使いや労働者などの意味であり、lumberjack（木こり）とかcheapjack（行商人）などがある。ところで、jackalはライ

第2章 語源問題　　97

オンやトラのために餌を提供すると信じられていたことから命名されたそうである。かつて手動式のハンディなコピー機の名前に「コピージャック」と使われていたことがあった。ついでながら、コピーをすると日本では言うが、英語ではphotocopyをするのであり、その結果がcopyとなるのである。さらにはblackjackという樫科の植物もあれば、あの天才漫画家の手塚治虫のキャラクターにも、ドクター・キリコとはライバルである名医ブラック・ジャックがいる。

　詩人のウィリアム・ブレイクではないが、キリスト教徒はヒツジの群と同様にflockと呼ばれ、王や指導者は羊飼いであるとされていたので、pastoralには「羊飼い」と「司祭」の意味があるのである。というのも語源はshepherd、つまりsheepの herd群であるからだ。ここからsheep dogであるshepherd dogへと繋がっていることは言うまでもない。

　ところで鐘紡のコマーシャルコピーに"Beautiful Human Life"があるが、lifeにhumanが含まれているので、animal lifeの場合には自然であり、humanを加えることは冗長である。

　そこでどうやら日本語と英語では意味の範囲が異なっているために、間違って使用していることも多いようである。例えば、土俵で大量の塩を撒くことから、アメリカの新聞紙上で"salt shaker"のニックネームを付けられた水戸泉がついに引退となったが、どうもshakeの打ち振るイメージが強くつきまとうので、塩を撒くよりも、塩を混ぜたり、揺すったりしている光景が浮か

んでくるように思われる。

　また特に英語の名詞表現が誤解のもとになっている。例えば、He is a good cook. と He cooks very well. とでは、彼がコックさんであり、プロの料理人であるのか、単に料理上手な人であるのかは区別できない。そこで同じ上手でも料理人と料理をする人との間にはプロとアマとの差異が感じられる。英語では a cook と cook で区別している。また画家とペンキ屋と趣味で絵を描く人はすべて painter で済ませられる。おまけに漁で使う網までペインターが使われることもある。picture も絵画と写真である。その点は dancer でも同様であり、日本語ではダンサーはプロの踊り子のことであり、踊っている人のことではない。そこで英訳する時には、コマーシャルのような dancing babies にもあるように、a dancing girl としている。

　フィリピンの政変は劇的である。2001年の初頭に、またしても、人民の力（People's power）で大統領交代劇が行われた。silent ではなく、noisy な majority と化したのである。

(5) 生活 ── Miscellany ──

　「御殿場プレミアム・アウトレット」という商店街が出来たようであるが、それを「アウトレット・モール」であると説明していた。従来のアウトレットとモールとが結びついていた言葉が、モールを省略して、アウトレットだけでその意味を含んで使われ

ているのである。かつて話題となった、和製英語のコンセントの意味で使用している、英国のpower pointに対する、米国のoutletのことではない。電車の駅や空港の出口付近に並んでいる商店街のようでもあり、入口inletに対する出口のoutletと関係していて、出口とその付近に連なる商店街とを含めた形で表現されているようにも思われる。言葉の意味が拡大し曖昧になっていく実例と考えていたが、ところがそうではなくどうやら販路という意味らしい。高級なデパートから、廉価安価の販路へとベクトルが働いているとのことである。-letと言えば、縮小形であり、あのオムレツが「小さな皿」という意味のラテン語に由来している。starletにstreamletはすぐに分かるが、あのHamletにも、おまえもか?、と問いかけたい。

　インク壺と言えば、inkbottleであり、今ではとても懐かしいものである。それを当たり前のように思っていたが、inkhornつまり、「角製のインク入れ」とも表現することを知れば、bottleのなかった時代にさかのぼって、想像が膨らんでくるのである。

　またmillと言えば、水車場とか製粉場と考えていると、papermill「製紙工場」とかsteelmill「製鉄工場」としても使われていることに驚かされる。細かく砕いたり、溶解させる動力として水車が使われていたところからmillと繋がっているようである。ミラーという姓が多いのも、村には必ず製粉をする水車が必要であったことと関連しているようである。工場でもfactoryの場合には、機械での大量生産を思わせ、workshopは小さな工

房を思わせ、未開発国へのプラント輸出で聞かれるplantは、製造工場の意味で使用されている。1999年10月の東海村での臨界事故もnuclearの燃料プラントでの事故であった。またプラントと言えば、1999年、高知市でドナー（donor）が出て以来、移植（transplant）解禁元年として、各地で展開されているが、今や「ドミノ移植」というタームがニュースで踊っているが、生体肝移植を将棋のコマのドミノ倒しのように次々と行うことを言っているのである。ドミノ倒しと言えば悪いことが連鎖的に起こることを想像してしまうが、domino effect「ドミノ効果」という言葉自体は悪いことばかりというニュアンスは必ずしも無いようである。その点では、It never rains but it pours.「降ればどしゃ降り」も、悪いことが続くことだけではなく、良いことも続くことを表している。

　ところで「帝王切開」という言葉はカエサル（シーザー）と関係があり、Caesarean operationと言う。その由来はJurius Caesarがこの方法で生まれたからと言われている。ところで沖縄にはシーサーという魔除けの守り神が屋根の瓦の上とか塀の上に、まるで鬼瓦のように据えられているが、獅子の姿をしている。魔除けではないが、男性にとっては、どうぞ起こりませんように、と祈るばかりで、一度起これば鎮まるのを待つしかないものに、突然起こる女性だけのヒステリーがあるが、語源的にもhysteriaは「子宮より起こる病気」のことである。

　さらに、麻薬治療のために患者に突然起こさせる禁断症状のこ

とを、cold turkeyと表現しているが、どうやらその症状時に起こる「鳥肌」と関係しているようである。

病院でも総合病院hospitalと単科の専門医院clinic とに分けられているが、大学病院などの総合専門病院に行く前に、個人医に診察してもらうことから、個人医を"gate helper"と呼んでいる。

アマゾン（amazon）と言えば、最近ではインターネットの検索会社名と思ってしまうか、あの流域面積世界一の川を考えることであろう。しかし、語源的には、ギリシャ神話の女人族アマゾネスからきているのであり、乳房のない「大女」であったらしい。そんなことを言えば、今ではイエロー・カードだとして、セクハラ呼ばわりされることになるだろう。イエローついでに、絶滅の危機にある動植物のことを「レッドゾーン」としてグルーピングしている。

最近、ドラマで「ノベライズ（novelize）本」を抽選で100名様に差し上げます、とする言葉を聞いたが、通常の小説をドラマに仕立てているものではなく、ドラマの脚本を小説化したもののことである。そもそもnovelという語は「ヌーベル」、つまり「新奇なもの」という意味であるが、当初、18世紀の終わり頃には、novelと呼ばれることは遺憾であり、むしろa Moral Tale「教訓物語」と呼ばれる方を好んでいたようである。例えば"Udolpho! Oh, Lord! Not I; I never read novels; I have something else to do. Catherine, humbled and ashamed, was going to apologize for her question, ..."とあるように、小説を読むことをこれほど強く否定していること、またそのような質問をしたこと自体を深く恥じ入っていることからして、まさに小説とは、"Novels are all so full of nonsense and stuff"なものにすぎないと考えられていたのである。その点では、日本でも同じであり、長説とも大説とも呼ばずに、ささやかに恥じらいながら小説としたのである。ところで、この私も「小」が付いているが、恐らく謙虚で奥ゆかしいことから、「小」が使われたに相違ないのだ。だが、「しょう」とか「こ」ではなく「お」と読ませるところには、その徳の至れるところから、皆が敬意を込めて「お」と呼び始めたのか。それとも慇懃無礼なその魂胆が見え見えになってしまったのか、何とも複雑な人間心理が渦巻いているようで、思わずご先祖様に思いを馳せて感涙にむせぶことになるのである。

ところでmoralの語源が「習慣、流儀」に通じているところから、moralとは、人間が内面にもっている「ものを見たり考えたりする方法」であり、そこから内的な規範としての道徳が出てくるのである。

"Respect the Power of Love"というなかなかパンチの効いた安室奈美恵の歌があったが、このrespectは語源的には「見返す」であり、「見る」ことの二重性が潜在的に含まれている。例えば、respectableやrespectabilityには、「立派な」という意味と「見苦しくない」という意味がある。見られることによって「世間体」を気にすることへと関連して行くからである。それ故

にthe spectatorも「物見高い人士」のことである。ところで『ジェイン・エア』と聞けば、想像つかないが、*Jane Eyre* として考えれば、Eyreとはeye-erのことであり、「眼人間」と言うことになる。

積極的で行動的なchallengeの語源は「誹謗・中傷」するというマイナスの意味であり、確かに相手をけなすことは挑戦的であるが、今ではプラス語に転じている。

highlight（強調する）、つまりemphasizeの対になる語は、強く光を当てるの反対であるから、光の当たらない陰の部分であり、そこでshadow（ほのかに表す）となる。ところで当たり前のことながら、英語の文章は中心となる重要な言葉とあまり重要ではない言葉とで構成されている。前者はハイライトと呼ばれて、強く発音し、後者はシャドーと呼ばれ、弱く発音されるので、発音されるとき、つまり読むときにはすでにそれが意識されていなくてはならないことになる。そこで声に出して読んでもらえば、理解度はまさに「一聴瞭然」という訳である。それが証拠に、十分理解できている英文と、理解できていない英文を読み比べて見れば誰でも分かることである。ところで、大学入試の面接で、突然英文のパラグラフを読ませるという快挙に、もちろん受験生には暴挙でしかないが、ある先生が出たが、なかなかの慧眼ではあったが、それを理解した受験生は少なかったのではないだろうか。

最近中年の親父のロッカーが粋がっていて、ロックンロールとかロカビリーとしてロックのリズムをよく耳にするけれども、

Rock-a-billy は rock and hillybilly からきているのであり、アメリカ南部の山間部の人達の間から起こった rock のことである。あの Billy the kid にもあるように、billy は William の略称である。しかし、どこかに山だしの男のニュアンスが臭ってくる。また岩も rock と言うが、stone は人手が加わっている石のことであるので、人手の加わっていない生のままの状態のことである。ところで奥地、山間部として、backwoods や backcountry や outback などがあるが、back や out には単なる場所ではなく、奥や離れた周辺部というニュアンスからくる、遠隔な僻地性を伴っている。outlaw と outcasts ではニュアンスは正反対の成語ではあるが、はみ出し者と言う点では一致している。ところがエコロジーの叫ばれる現在では、country や valley にはマイナスの響きよりも、プラスの響きが感じられる。

　今は大都会のロンドンも、語源的には Lon が「湿っている」であり、don が「土の丘」であることから、テムズの岸辺の丘がイメージされるのであり、Oxford も牛が渡る浅瀬を思わせるし、Cambridge もカム川にかかる橋を思わせるところから、田舎のニュアンスが十分伝わってくるのである。ところで Avon 川の Swan とか Bard（歌人）とは Shakespeare のことである。

　ところで英語の hero には「英雄」と「主人公」という二つの意味がある。もちろん、語源的には「神人」であるから英雄から始まっている。叙事詩や演劇や小説等において、英雄が中心人物として扱われていることから、主人公でもあったのである。

同様に、Art is long, life is short. を「芸術は長く、人生は短い」と訳し、芸術は長く続くが、それに比べて人生はとても短い、という意味だと考えている。実のところは、技術を習得するには時間が長くかかるので、人生は短すぎると言う意味である、と説明している。しかし、英語のartには日本語では二つに分かれている芸術と技術が含まれていることから、本来、技術と芸術の区別はないことになるので、この説明も本来おかしいことになるのである。

(6) 略語・愛称

　子供なら誰もが知っているあのおもちゃのチェーン・ストア「トイザラス」が、日本の席巻に乗り出してきている。高知にまでやってきた。初めは何か分からずに、音から怪獣名ではないかと思っていたが、その英語名はToys 'R' Usからきているものであり、それはToys are us. をもじっているものであるという。

　E-mailは簡潔で簡略を旨としているところからか、饒舌な時候の挨拶などは見かけない。したがって、略語もよく見かける。そんな中に"BFN"がある。これはBy for now,のことであり、「じゃあ、またね」という意味である。また、By the way「ところで」も"BTW"として使われる。そして、TIAもThanks in advance.「お願いします」として使われている。さらに、本来の英語の記号などを使って遊んでいる場合も多い。例えば、今メ

ールで話題の顔文字として ˆ○ˆ とか@_@、 ̄○ ̄、~_~、ˆ l ˆ とか ˆ・ˆ などの笑顔マーク（smileys）も使われいる。もちろん、これまでも手紙などの最後に「xxxx」を、kissの伏せ字として使われてきたものもある。ところが今では控えめな間接的表現は好まれないらしい。歌でも、ドラマでも、コマーシャルでも伏せ字どころか、表現は露出しかないと考えられているらしい。そこで「奥ゆかしい」などと言おうものなら、「ハッー!!ナニソレ、マジ！ チョーウザイ」などと簡潔に、かつ直接的に噛みつかれるか、それとも無理矢理、「奥にある床」などと言われるのが落ちである。

　かつてソマリア等で話題となったP. K. O. は"peace keeping operations"の略語であり、「平和維持活動」と訳されているが、operationsには「作戦」もあり、訳し方によって印象は大違いである。もちろん「手術」とするとまた大違いである。ところで「世界の警察」たるアメリカは、どこにでも軍隊を展開してくちばしを挟むのかと言えば、そうではない。軍隊を展開する根拠はUS interests、つまり「アメリカの国益」に叶うものでなければならないと明記されていると言うのである。その点、日本はこの活動予算の18%を担っているのにしては、果たして国益を考慮に入れるような展開の根拠を持っているのだろうか。

　歌番組などで、かつては司会者と呼ばれていたが、最近では、M. C. と呼ばれている。Master of Ceremoniesの略であり、さしずめ「儀式の管理者」と言うことになろうか。ACの方は、

Adult Children とは身体は大人で、中身は子供のことである。それから言えば、Childish Adult と呼ぶべきかもしれない。また TA と言えば、歌手グループの野猿を思い出す人もいるかもしれないが、ロンドンの下町では、あのコックニーが使う、Thank you. のことなのである。

　アメリカでは baseball game と言わずに、ballgame と簡略に言っている。ちなみに野球場も ballpark である。また最近スポーツニュースで聞く言葉に、set-upper があり、「中継ぎ投手」のことである。辞書で関係している set-up の意味としては、機械などの「組立」とか、テニスやバレーで「次のプレーがしやすいように送ったボール」のことなどがある。投手の役割分担が明確になり、今までなかった役割が生まれて、それを表現する言葉が作られ、選ばれていくのである。

　スポーツで「～ボール」と付く試合はゲームと呼び、付かないものはマッチと呼んでいる。もともと game は狩りの獲物のことであって、動物や鳥や魚の総称として使われてきたのであり、そこから gamebird の語彙が生まれたのである。したがって、gamekeeper もサッカーの話ではなく、狩り場の番人のことであり、さしずめ『チャタレィ夫人の恋人』のメラーズの職業である。そこでレストラン・メニューに Today's Games と書いてあれば、「どんなゲームかな？」と思ってはいけない。「本日の狩りの獲物」を料理として出しているのである。そして狩りが娯楽の一つであったことから sport としたのであり、それをする人を sportsman

とかsportswomanと呼ばれていたことも忘れてはならない。これは遊びとしての狩りであるから、有閑階級の娯楽であったことは言うまでもない。その点、狩猟を生業とするhunterやhuntsmanとは、ルーツを全く異にしている。ところで、beaconは「合図」から来ているのだが、この「のろし」を日本語では「狼煙」つまり狼の煙と書くが、狼が互いの伝達手段として煙を使っているはずもない。

現在ではサッカーの試合に欠かせないのはサポーターであるが、かつてはよくhooliganフーリガンという言葉を聞いた。これは1890年代に、「ミュージックホールの歌を通じて街頭で集団となって暴行を働く非行青少年」のことであり、特にアイルランドのならず者のことであった。また英国の軍隊はThomasの別称でTommiesと呼ばれているように、軍隊などでは、作戦名も「コブラ・ゴールド作戦」などとニックネームで呼ばれている。若き荒くれ者の多い軍隊で、戦闘機名としてTomcat（雌猫を追っかけるさかりのついた雄猫）も見かけられる。ところでアメリカでは他国の侵略作戦には「コードネーム」を使っているそうである。太平洋戦争は「WPO＝War Plan Orange」と呼び、湾岸戦争は「Desert Storm（砂漠の嵐）」とし、日米経済戦争は「Big Bang」としているようである。

最近では性差別ではないかとして、台風は第〜号と名付けられているが、かつては大荒れするものは女性名で、キティ台風とかジェイン台風と呼ばれていた。その点ハリケーンの命名方は念入

りである。レェィディ・ファーストのお国柄か女性から始まり、続いては男性名、そしてその後は女性名と続くのである。さらに、順番としてはABC…となっていくので、Aは女性でアリス、Bは男性でボブ、Cは女性でキャリー等と続けていくので、今回1999年9月のハリケーンを「フロイド」とアメリカ人が聞けば、男性でFから始まるので第6号のハリケーンだと分かる仕掛けになっているのである。

　大学も略して呼ばれることが普通であり、UCLA とかCSUSBとしている。ところで英国ではトリニティ・カレッヂなどとしているが、これは大学の括りではなく、学部のことを表している。黒船よろしく、日産自動車にルノーからやってきたカルロス・ゴーン氏が大胆なリストラを発表した際に、この指導者の話題になった肩書に「C. E. O.」がある。Chief Executive Officerの略語で「最高経営責任者」のことであり、これまでの社長のニュアンスとは異なり、経営責任が前面に出ている言い方である。その点では米国大統領のことをthe Chief Executiveと呼ぶことは、日本の首相とは明らかに異なっていることが窺い知れる。

　大統領が出たついでに、映画にもなったが、大統領の専用機はAir Force Oneと呼ばれている。ただし、大統領が乗ればそれがAir Force Oneともなるのである。さらにOneと言えば、カーター大統領時代の人質救出作戦はDesert Oneと呼ばれていた。そして2000年の共和党の大統領候補として、Bush is the One! とプラカードに書かれていた。それにしても、泥仕合気味の大統領

選で、この機械化の時代に最後は手作業とは、大いなる誤算と思い知ったことであろう。大統領夫人は The First Lady であることは良く知られているが、大統領の家族は The First Family と言う。

　略語や愛称は便利であり、可愛いものではあるが、誤解も起こりやすい。例えば、ファミリィーレストランを「ファミレス」としているが、どう見ても英語での略語ではない。そこで famine と関係しているとか、家族崩壊を想起するかもしれない。ある番組で「幸せな family plan 家族計画」なる言葉が買い物計画の代わりに使われている。英語の Happy family planning とは産児制限による家族計画のことなのである。

(7) Magic Number

　A Passage to India『インドへの道』の中にある言葉や文章やエピソードなどの反復の諸相を取り上げて論文にしたことがある。反復に2種類あって、奇数回と偶数回のものに分けて考察してみた。前者は完結感のある有限な反復様式であり、特に3回の反復は、正反合の弁証法的な典型的西洋の思考方法を反映したものであり、一神教という知的なキリスト教やイスラム教の基準を反映していると考えた。それに対して後者は、ヒンズー教の無限で永遠の世界に溶け込むような反復様式であることを論じたものである。ところが数学の祖であるピタゴラスは、「奇数を、能動

的、男性的、熱意を持つ優れた数で有限なもの、偶数を、受動的、女性的、受容的な数で有限なもの」と考えていたと言う。これには驚き、小説家のE. M. Forsterがこれを知っていて、小説の中に意図的に組み込んだのか、それとも偶然にピタゴラスの説を例証したにすぎないのであろうか。今後の課題である。

世の中では13が嫌われているが、元来太陰暦の一年が13か月でもあり、13は縁起の良い数であったそうである。ところが太陰暦が廃れ、太陽暦が採用されるようになると、完全な数字である12の次なので、死を表すようになり、縁起の悪い数になっていったとのことである。1999年の7の付く日に地球が滅亡するというノストラダムスの大予言に虚偽の言葉を与えようとしているが、これまで太陰暦の採用やグレゴリウスのように学者を集めて暦の日数を調整したようなこともあるのだから、実際は何時のことか定かではないように思われる。これまで人類は永遠や永続を求めながらも、これまでも末法思想や終末思想などがあったように、時間に完結感や終末感を与えて、中心化や意味化を行ってきたのである。時間観でも、永遠に続く物理的な時間クロノスと始まりと終わりのある心理的時間カイロスを設定したのである。まさに直線と線分のように、人類は両者を使い分けて利用してきたのである。

マジックと言えば誰でも理解できる言葉と思いこんでいるが、この言葉の反意語は何か?と尋ねられれば答えられるだろうか。答えは「ロジック」である。論理的に説明できないものに対して、

マジックとしているのである。

(8) 動　物

　動物の語源はイメージやシンボルと関連しているものである。シリアのサダト大統領が亡くなられたが、サダトとはライオンを意味するようである。ライオンと言えば百獣の王として知られているが、東洋のトラに対して西洋のライオンのイメージを持っているので、権力の象徴や大切な人や子供のことでもあり、また「善のシンボル」でもあるのである。スマップの『らいおんハート』が、キムタクの結婚宣言以来、再燃とのことであるが、「勇敢な」という意味である。さらに小泉内閣のメールマガジンでも「らいおんはーと」と使用されている。ところで、英国人には「獅子心王」と呼ばれたリチャード一世を思い起こすことであろう。ところで18世紀絵画の世界では、猿は性欲のシンボルだったそうである。しかし、日本では鬼門の守り神であったそうだ。

　カクテルと言うと、綴りがcocktailなので、いかがわしいと思っているかもしれないが、語源的にはcockは「雑種の馬」であり、tailは「しっぽ」であるから、「しっぽを切り落としている馬」からきているそうである。

　どうやら牛や馬に比べて、魚には良いイメージは少ないようである。これはどこかに食肉文化の反映があるのかもしれない。そこで、どこかまともでない奴をcool fishと呼んでいるし、冷た

い奴も cold fish と呼んでいる。しかし、それにしても温かい魚がいるのだろうか。その上に、日本語なら御しやすい相手を「カモ」と言うが、それは鳥の鴨なのに、英語では fish を使って言い表すのである。

英国で幼児の性的犯罪者の顔を *News of the World* 紙が公開して物議を醸し出しているが、この時の犯罪者を monster と表現していた。ところがこのモンスターは怪物や化け物のことではなく、「極悪非道の人・悪党」のことなのである。しかし、前者が悪名高いために、人に使用することは考えられないのである。

フラッパーと聞けば、何を想像するだろうか。最近、ラップばやりで、ラップする人でラッパーなら分かるかもしれない。しかし、flapper とは羽根（flap）がまだ生えそろわず羽根をバタバタさせて飛び立とうとしている子ガモなどの雛鳥のことなのである。転じて小娘のことでもある。

第3章　発音問題

（1）習慣や思い込みからの間違い

　インターネットの検索会社の中に、Yahoo! を初めて見た人はおそらく「ヤッホー!」と言ったはずである。私と同じ人もいると知ってうれしくなったのだが、作家の茅野さんも、最近まで「ヤッホー」と読むのだと思い込んでいた、と告白している。大抵の場合、人は自分の認識領域の中からどのように読むかを推測するところから言えば、これはきわめて当然な読み方である。それが証拠に、一太郎の辞書でもヤッホーしか出てこない。そこでこれがジョナサン・スィフト（J. Swift）の『ガリバー旅行記』（*Gulliver's Travels*）に出てくる「人間の形をした獣」である「ヤフー」のことだと、あえて教えるのは野暮というものである。そんなことはとっくに知っているからこそ、ヤッホー! と遊ぶのである。したがって、わざわざ辞書登録をするまでもない。

　ところで、ボクシングの試合でよく聞く言葉に「リング」も「リンク」もあるが、リンクといえば、スケート場であり、結合することも「リンク」としている。例によってlとrの音が混乱

し、-gは「グ」としていることから起こることであり、ringにrinkにlinkの差違をつけなければならない。またバトミントンもよく聞く言葉である。しかし、正確にはbadmintonであるから、バドミントンである。

　金を支払っていない人に税金がばらまかれることから、不公平きわまりない地域振興券という商品券が、経済通には「世紀の愚挙」と言われながらも、巷では以外に人気を得たことがあった。昔の日本人の美徳として、自分のような者がもらって申し訳ないと辞退する人が続出したことであろうが、最近そんな謙虚な日本人はどこかに行ってしまったらしい。「どうして自分にはくれないのか」、と皆、思ってしまうようである。そこで捨てぜりふのように、またぞろ偽造とか不正とかが世間を賑わすことのないように祈りたい、などとぼやくことになるのである。ところで、日本では商品券をクーポン券と言っているが、誰も疑わない。ところがcouponは、「クーポン」ばかりではなく、クリントン大統領が来日の際に言ったように、「キューポン」とも発音するのである。こう言えば、何とも可愛いく聞こえて、キューピーさんを思い出す人もいると思われるが、こちらはキューピッド（**CUPID**）から来ているものであり、正式にはa kewpie dollのことであるが、これは商標（**trademark**）である。

　このように二種の発音がある場合に、英国と米国とで差異が鮮明である場合もある。例えば、leisureは普通「レジャー」と言っているが、これはイギリス式であり、アメリカでは「リージャ」

の方が好まれているようである。さらにcollegeは英国では「コレッジ」と発音し、米国では「カレッジ」と発音されている。

最近は地球規模の環境破壊が問題になっている中で、ecologyという言葉は良く聞かれるが、「エコロジー」としてなんら疑問も抱かない。ところが正しくは「イコロジー」なのである。その形容詞のecologicalは「エコロジカル」となるからまた不思議である。

さらに、昔々のこと、中曽根元首相がテレビの「チャネル」と言って話題をまいたことがあったが、日本ではchannelという綴りの関係からか、「チャンネル」なのである。シャネルの「なんちゃって商品」も、登録商標の関係からシャネルとは書かずに、せめて「n」を重ねてchannelとしたのである。シャネルと見間違えて買う人をねらったとは、なかなか手の込んだやり方である。このチャンネルをだまされて買ったのは、たぶん綴りに慣れていない日本女性であったのではないだろうか。英語が不得手であるほど、綴りの認識力が低いし、活字自体が小さく見えるからでもある。

その点では、関心のない者には九名の「モーニング娘」の娘たちの区別が出来ないのも無理はないし、「ミニモニ」とか「モー娘(ムス)」なんて言えば益々ちんぷんかんぷんであろう。その分、彼女たちの方でも、忠臣蔵はご存じないそうである。ところで、プロデュースしている「つんく」がメンバーの入れ替えやメンバー同士の組み替えを行っているところには、顔のない「匿名性」の時

代を先駆けしているようにも思われる。それは「ガングロ」や「ゴングロ」にしてもそうだが、個性の重さや意識性からの解放や脱却意識を反映したり象徴しているものでもある。それが証拠に、やまんば化粧を取り去ると髭を抜かれたトラのようにおとなしく、可愛くなるのである。要するに、これらは流行やトレンドは自己を個性から匿名性の中に埋没させる手段であり、消極的な逃走意識の表れなのである。流行を作り出すテレビが地域性や方言性や個性を無くしていることは言うまでもないが、これを言葉は悪いが「1億3,000万総白痴化」と言えなくもない。英語でもthe telly、the tube、the box などと呼ばれているうちはまだしも、なんと"boob tube"と呼ばれている始末である。

セイロン産の上等な紅茶にorange pekoeがあるが、「ピーコゥ」とはなかなか出ないので、ミルキーではないが「ペコ」ちゃんのように自然に間違えてしまう。分かっていても、ビタミンがvitaminバイタミンとはならないのに対して、vitalやVikingはビタルやビーキングとはならないで正しく使われている。さらに日本語では肝臓をレバーと言うが、英語のliverの発音は「レバー」ではなく「リバー」であるので、日本人の場合には、川のriverと同じ「リバー」なってしまう。そして「レバー」の場合にはlever「てこ」と同じになってしまう。とにかく、lとr、bとvの発音は難しい。その典型として、the Colorado riverの発音は難しいのである。どんな風に訛っているのであろうか。そう言えば、コロラド川の流れが急であることを説明する際に、

rapidのところがrabbitと聞こえて、白く踊る激流を「ウサギが跳びはねる」と見て、比喩しているのかと、痛く感動したことが、今では恥ずかしさを通り越して懐かしい。同じようなtとdやbとvの誤解では、解散しているミュージック・グループに「オメガ・トライブ」があったが、大多数の人が私同様に「オメガ・ドライブ」だと思い込んでいたに違いない。「地球最後の種族」と言う意味でのオメガ・トライブの"tribe"と、"drive"を聞き分けることが、我々日本人にはかなり難しいことはもちろん、トライブという言葉をほとんどの人が知らないことからきたものである。

カッコー・ワルツと言っても、誰も間違っているとか、カッコ悪いとも思わないかもしれないが、Cuckooは「ク(ッ)クー」である。またモルモットと当たり前のように言っているが、正しくはmarmot「マーマット」である。ところで、日本で言うモルモットはguinea pigのことであるらしい。その点ではアルコールと誰しも言うが、正しくはalcohol（アルコホール）である。また日本ではアルコールと言えば酒のことだが、英語では科学薬品のアルコールのことであり、酒のことはalcoholic drinksと言わなければならない。また世の中では、アナログの時代が終わり、デジタルの時代と言われているが、デジタルがすでに市民権を得ているので、綴りはdigitalで、発音も今更「ディジィトル」であると言っても、遅いように思われる。ところで、最近、アメリカではdigital divideが問題となっている。これはコンピュータ

を持っている者と持っていない者との差のことである。

　昔から、電気容量を超えると「ヒューズがとぶ」と慣用表現を使っているが、英語ではfuse「フューズ」であり、それが突然溶けることを 'blow a fuse' と表現している。もちろんblowはパンクにも電球が切れる時にも使われる動詞である。

　さらに、ハンブルグからきているハンバーグにはミンチ肉を使用するが、ミンチとは肉を細切れにすることである。ところが綴りはminceであり、「ミンス」と発音する。しかし、「ミンス」と言っても絶対に日本では通じない。また細切れ肉も意味し、その細切れ肉料理はハヤシ料理と言うが、綴りはhashであり、「ハッシュ」と言うべきところを「ハヤシ」としているのである。アメリカでは俗語でhashish「ハッシッシ」とも言っている。

　また「ゼリー」のお菓子とか、「ローヤルゼリー」などと言っているが、正式にはjelly「ジェリィ」であり、それが海にいればjellyfish、ジェリィ状の魚、つまりクラゲとなるのである。その点、jellyの逆成語のjellは「ゼル」とはならずに「ジェル」としていることは、入ってきたのが最近であり、専門的に使われていることから、原語で使用されることになっていると考えられる。しかし、慣用になっているものは、いくら正しいとはいえ、どうしても慣れていない音には違和感を感じることになる。そこで、ジェリーと言えば「トム＆ジェリー」を思い出すことであろうが、「ラム卵酒」のTom and Jerryを思い出す人は日本にはまずいないことであろう。

英国紳士と言えば、織田元子氏ではないが、「山高帽にステッキ」と決まっているが、stickは「スティック」である。またステッカーと言っているが、stickerは「スティッカー」であり、ホンとかホーンとしているが、phoneは「フォーン」であり、シンナーとしているが、thinnerは「スィンナー」であり、ガードマンとしているが、正しくはguardsman「ガーズ（ヅ）マン」である。そしてステンレスと言っているが、stainlessはスティンレスである。またレモンスカッシュはlemon squashであるから「スクワッシュ」である。セーターもsweaterであるから「スウェーター」であるが、「汗をかく人」にもなるので、英国ではjumperとかjerseyとしている。また宝石の大きさはカラットを単位としているが、これは英語のkaratであり、米語のcarat「キャラット」ではない。また『キネマの天地』という映画があったが、シネマとも言っている。これはcinematographを短縮してのcinemaであるから「シネマ」である。今ではpicturesとかmoviesを使っている。またいつも「ラベル」と言っているが、正しくはlabel「レェイバァル」である。また普通「ユーモア」と言っているが、米語のhumorには「ヒューマー」という発音もある。さらにこの語のルーツは血液型以前の人間の分類方法であり、四種の体液から人間の体質や気質を分けたものである。そこで、dark humoursが「不機嫌」を表すことになったのである。

　テニスではダブルスとかシングルスと言っている試合形式があ

る。英語ではdoublesとsinglesであり、発音としては、「ダブルズ」であり、「シングルズ」である。しかし、ドラマ名でも『シングルス』と使われていて、シングルズの方は広く流布していないので、むしろ違和感から間違いと思うかもしれない。その点では、Dragonsは「ズ」と出てくるが、Tigersは「ス」が普通であるので、間違いのままで市民権を得ている。日米野球やイチローで話題のメイジャー・リーグばやりの中、「ヤンキース」と言っているが、やはり「ヤンキーズ」である。またkingsも殿様「キングス」ではなく「キングズ」である。同じ様な例として、だらしのない「ルーズ」な人という言い方をするが、綴りはlooseであるから、「ルース」と発音すべきである。「ルーズ」となればloseであり、「失う・負ける」方になってしまうからである。したがって、「ルーズ・リーフ」と言うが、これでは意味をなさない。ページの一枚一枚（leaf）が綴じられていないばらばらの状態（loose）であることから、loose leafでなければならない。それ故に、パック売りに対して、ばら売りの場合には"loose"が使われることになる。しかし、今日本できまじめに「ルース」な人とか、「ルース・リーフ」と言っても、無視されるか、理解してもらえないか、そこまでこだわらなくても、と言われるくらいが落ちである。その点ではテーマパークとよく言われているが、発音では「ティーム」と聞こえることもあるが、正しくは「スィーム」パークと言っても驚かないかもしれない。

　表記の問題から来ているものも多々ある。日本語にはディの発

音がないので、ジとする慣習がある。例えば「ジレンマ」とよく言うが、つづりはdilemmaであり、発音も当然「ディレンマ」である。ジレンマと言えばELT（Every Little Thing）の「fragile －ジレンマー」があるが、ディレンマとはしていないし、フランス語の発音からフラジールとしていて、英語ではフラジャイルかフラジルである。こうして間違いが形成されていくのであろう。犬などに起こる細菌性の炎症にジステンパーがあるが、つづりがdistemperであることから、「ディス〜」とすべきである。ところで、distemperの発音には二種類あって、「ジステンパー」と「ディステンパー」では表す意味が異なっていると言うのだ。てっきり犬の病気だとばかり思っていたが、「ジス」の方がそれであり、「ディス」の方は絵画の画法なのだそうである。生きてて良かった。こんなことも知らずにあの世に行けば閻魔様に舌を抜かれるのに違いないのだ。

　使用頻度の高い、よく知られた単語を中に含んでいることから、その発音に引きずられてしまうことはよくある。例えば、surfaceの場合に、face「フェイス」に引きずられる。そこで、「サーフィス」とならずに、「サーフェイス」となりがちなのである。

　よく似た音のために、とんでもない誤解を生むことはよくある話である。前著にも書いたのだが、マクドナルドのお店は、正確にはMcDonald's（マクダナルズ）であり、日本人の発音するマックはmuckになってしまうので、牛の糞となりかねないことを

心配しての注意だった。ところが関西の若者は「マクド」と呼んでいると聞いて、ホッとしたのは私だけであろう。かつて「オレンジ・ストリート」が聞き取れずに「オイル・ストリート」と聞いてしまった悲しい体験もあるが、この場合には道路名であり、二つの名前が道路名であれば、たとえ迷ってもオレンジでもオイルでも大した問題ではない。ところが次の例はゆゆしい問題となる。

例えば、insectとincestとなれば、前者にはkの音が入るので間違いにくいと思うかもしれないが、実際に聞けばなかなか難しい。そして間違えば決定的なことになるのである。前者が昆虫であるのに対して、後者は近親相姦という微妙な意味の語彙であるからである。また、このような危ない発音の例では、日本では「アヌス」と言えば肛門と思われているが、実はこのanusの発音は「エイナス」である。そして肝心のannus「アヌス」はラテン語で「年」という意味なのである。そこでドライデンのannus mirabilis（= wonderful year）「驚異の年」とか、エリザベス女王の使用した最近*COD*に載せられたばかりの新語のannus horribilius「酷い年」などとして使われている。そういえば、最近の英国王室も携帯電話（mobile phone）ばやりの中、女王はその「着メロ」の「史上最大の作戦」のテーマ曲に頭に来て、使用禁止としたそうである。

「ギンコウ」と言えば、日本人はすぐに銀行と考えるかもしれない。そして後になってbankがあるはずだと思い出す。ところ

が、これはgingkoの発音であり、実は銀杏（イチョウ）のことなのである。アメリカではginkgoと綴り、銀杏はginkgo nutsである。

　動詞と名詞で発音が異なったり、ルーツが違っていて、同じ綴りで意味の異なる語においても発音が異なっている場合がある。例えば、windでは、風は「ウインド」であるが、動詞で「巻く」場合には「ワインド」と変わる。ビート・たけしのビートはbeatであろうか、それともbeetなのであろうか。「ろくでなし」や「鼓動」や「打つこと」は前者であるが、後者はsugar beet「砂糖大根」のことである。

　また物に神を認めるほど異常にこだわる性質をフェティシズムと言い、「足フェチ」などとマニアックな異常趣味として使われているが、英語ではfetish「フェティシュ」であり、そこで正しくはfetishism「フェティシュイズム」である。またセクハラと略して使っていて、正式には「セクシャル・ハラスメント」だと思っているかもしれないが、実はsexual「セクシュアル」なのである。不死鳥はフェニックスとやってしまうが、正式には、「フィニックス」である。またegoist「エゴイスト」とよく使うが、その類語としてegotistもある。このtはサイレントではないので、発音は「エゴティスト」となる。しかし、こちらの方は悪い意味だけで使用されるものであり、あまり知られていない。そこでこの発音には常に違和感が伴うことになる。同じような例では、unbalance「アンバランス」がある。日本語ではこの「アン

バランス」が定着しているが、英語ではimbalance「インバランス」の方が一般的である。しかし、もし「インバランス」と言えば、間違いではないかと言われるのが落ちである。unbalanceは精神的な不安定に対して使用される、いわば特殊な医学的用語なのである。

また音が残る語にはeighthがある。th音から「エイス」と発音することが当然のように思われるが、正しくはt音が残り、「エイトス」となるのである。

総力戦や激論のことを、battle royalは「バトル・ロイアル」と、普段から発音している。ところが日本映画の題名として、深作監督、ビート・たけし主演の『バトル・ロワイアル』として使われていた。これはつづりの方ではroyaleとしていたので、明らかにフランス語を意識してのことであろう。

かつて「ビールス」と呼ばれていたが、最近では「ウィルス」で通っている病原体がある。特に自己破壊システムをもったコンピュータ・ウイルスは、世界中を震撼させている。英語はvirus「ヴィ（ァ）ラス」であり、ルーツはラテン語の「毒」からきている。この語と関連があるものに、ワクチン（痘苗）と呼ばれているものがある。痘の苗を植え付けて、毒をもって毒を制す、治療方法である。英語の綴りはvaccineであり、発音は「ヴァクシ（ー）ン」である。そうであれば、ビザはvisaだから、近々「ヴィザ」に変わるかもしれない。

ベースボールが野球になるには、ベースボールの英語が日本語

化、あるいは日本式の発音になる必要があったと思われる。フェア fair に対して、ファウル foul からファールへ、フォースアウト force-out からホースアウトへ、エンタイトルド・ツゥーベース (entitled two base) からエンタイトル・ツゥーベースへ、などと言い替えることによって、野球は身近なものとなっていったのである。その点では grounder が訛ってゴロになったことは良く知られている。オリンピックの際にも、pop out とか fly out とか liner とか聞いて、なるほどと改めて考えたものである。

話題のキアヌ・リーブス主演の映画 *The Matrix* は日本では『マトリックス』であるが、正式には「メィトリックス」である。その点では、よくモザイクがかかっているなどと言うけれども、mosaic は正しくは「モォゥゼィック」である。マットレスと言うけれども、マットが無いわけではなく、mattress つまり「マットリス」である。

(2) 国名・地名の発音

国や都市などの地名はその表記においても興味深く、また発音においても、その国の発音によるのか、それとも英語読みするのか、あるいは母語の読み方にするのかで異なっていることがよくある。つまり、日本には三種類の言い方が存在することになる。英語読みが世界共通のように広く採用されていることは言うまでもない。しかし、最近の傾向では、現地の言い方を採るような流

れも感じられる。

　現地読みが難しいものと言えば中国の都市名である。例えば、上海Shanghaiとか、北京Beijing（＝Peking）とか、香港Hong Kongなどのように、「ン」の鼻音は「-ng」と表記している。あの揚子江もYangtzekiangとなっている。果たして、このつづりから揚子江を連想するものが何人いるのだろうか。

　Rumaniaを当然のごとくルーマニアとしているが、「ルーメィニア」と聞いて、シドニーに行きたくなったものである。かつてはガムで平気だったのが、グァムとなり、最近では「グゥアム」となっている。同じように、aの音では、Nato軍のユーゴスラビア空爆の戦果が日々報告されていたが、日本式発音の「ナトー」ではなく、「ネェイトー」である。そのNato軍の本部はベルギーにあり、英語ではBelgium「ベルジアム」であり、その首都は「ブリュッセル」と大抵の者が言っているが、正しくはBrussels「ブラッセルズ」である。コソボ問題の前には、冬季オリンピックではあれほど美しかったサラエボが無惨にも破壊の限りを尽くされていたが、その綴りはSarajevoであり、発音は「サライェィボ」である。またMilanはイタリア語読みでは「ミラノ」であり、英語読みでは「ミラン」である。さらには、フィレンツェとフローレンス、ベネチアとベニスなどを挙げることもできる。ペルージャからローマに移籍の中田に続いて名波までもが有名なベネチアというサッカーチームへと引き抜かれて行った時には、可愛い子には旅をさせる心境であった。

1999年2月にはヨルダンのフセイン国王が亡くなった。平和のために尽くした彼の功績は多大なものであり、世界各国の首脳が、この小国に、彼の功績を讃えるとともに、哀悼の意を表すために集まった。ところで日本では「ヨルダン」と言っているが、Jordanの発音は「ジョールドン」なのである。またエチオピアも綴りのEthiopiaとは差があり、「イースィーオーピア」が「エチオピア」となることは難しいので、綴りからきたと考えられる。ビルマはBurmaと綴るところから、正しく「バーマ」と発音されるのが自然であるはずなのに、どうしてならなかったのであろうか。

　The Caribbean Sea（カリブ海）が人食い人種という語源から来ていることについてはすでに述べたが、その際の人食い人種cannibalの発音は「カナバル」である。そして少し似ているが、謝肉祭をcarnival「カーナバル」と発音する。ところが日本ではｂもｖも同じ音になってしまうので、人食い人種とカーニバルとの区別がつかなくなっているのである。くわばら、くわばら。

　アメリカの大学年鑑に、各大学の人種別割合が書かれていて、Caucasianとあるのは「白人」のことである。コーカサス（カフカス）系人種に白人のルーツがあるとの誤解から始まったと考えられている。ところがCircassian beautyという言葉が出てきたので、調べてみると、昔から肉体美で有名な人種であるらしい。ところが「サーカシアン」のはずのところが、そこに「コーカサスの美人」と書かれていたのである。これは間違いに違いないと

思って、さらに調べていくと、サーカシアンは黒海に接するコーカサス山脈の北西地方の住民のことであり、コーケィジャンはコーカサス山脈（人）のことであり、重なりがあるように思われてきたのである。つまり、必ずしも間違いとは言えないのである。サーカシアンを初めて聞いたので、違和感を抱き、つい知っている方に肩入れしてしまったのであろうか。

(3) 人　名

　読み方でも、出身国読みか英語読みかで混乱することもある。Handelという作曲家をヘンデルと呼んでいるが、当然これはドイツ語読みから来ているものであり、英語読みでは、取っ手の発音と同様に「ハンドル」と言う。またJonahをヨナとし、Josephをヨセフとしているが、正式には「ジョウナ」であり、「ジョウゼフ」である。そして巨人軍には、Joseと書いて「ホセ」という投手がいた。ところで、ヤクルトスワローズにはJacomeと背中に書いている投手がいたが、「ハッカミー」と発音していた。また横浜ベイスターズのローズ選手はRoseと綴るのに対して、近鉄バッファローズのローズ選手はRhodesと綴っている。語源的には両方ともバラと関係している。

　Helenを綴りからヘレンと発音することで、まさか間違っているとは思いも寄らない。ところが、よく聞けば「ヘレン」ではなく、「ヘリン」か「ヘラン」の方がむしろ音としては近いかもし

れない。かつて、米国の大統領Reaganが綴りから「リーガン」とされていたが、英語の発音通りに「レーガン」と修正されたことがあった。

　発音や読み方にしてもそうであるが、地名でも人名でもどこで切るのかさえ難しいことがある。例えば、サンタルチアの場合に、歌ではサンタァ〜ルゥ〜チィ〜アと歌っていたことから、サンタル・チアと思い込んでしまうことになるが、実はsaintであるからサンタ・ルチアである。その点ではSanta MonicaやSan FranciscoやSanta Feも同じである。またプエルトリコもプエル・トリコとしがちだし、プエルトリカン（プエルトリコ人）にしてもプエル・トリカンとしがちであるが、正しくはプエルト・リコとしなければならない。さらに、Cervantesに*Don Quixote*『ドン・キホーテ』という作品があるが、それをドンキ・ホーテと切ると思い込んでいる節はないだろうか。日本語のリズムから言えば、どうも「ドンキ」の方が自然なのである。正しくはあの『ちろりん村とクルミの木』の村長のドン・ガバチョと同様に、Mr. とかSirと同じく、敬称のDon（ドン）と名前のQuixote（キホーテ）とに分かれているのである。愛飲家にはあのドン・ペリを思い浮かべていることであろう。

　その点では、Utopia（ユートピア）をどこで切るかについて悩んだ記憶はあまりない。日本語のリズムや音感と合っていることもあり、トピアがトポス（場所）と関係があると分かれば、ユー・トピアと出てくるのである。意味的には、ユーとはギリシャ

語のou（ない）からきているものであり、理想郷であるユートピアが「どこにもない場所」という意味とは、トマス・モアもなかなかロマンティックな言葉を使用したものである。

Lionelを日本語では「ライオネル」と発音しているが、英語では「ライァヌル」の方が近い。またハンサムで有名な俳優にショーン・コネリーがいるが、Sean Conneryという綴りの関係から「スィーン」あるいは「シーン」と言ってしまうかもしれないが、こればかりは「ショーン」が正しいところから見て、綴りよりも発音から日本に入ってきたことが想像される。その点ではGene Hackmanを「ジーン・ハックマン」と呼ぶ方が簡単かもしれない。

*Mary Poppins*を『メァリー・ポピンズ』ではなくて、『メリー』としているのも、日本人の習性かもしれない。ただ心配は、楽しい作品であることから、merryと誤解しているかもしれないことである。

（4）綴りと発音の距離

異国趣味をexoticismと言うが、エキゾティシズムとしたり、その形容詞をエキゾティックとしている。典型的な発音は、かつての郷ひろみの歌「エキゾチック・ジャパン」である。しかし、本来はexo-は「エグゾ」であり、エグゾティシズムである。ところで異国風と言えば、どこの国を指しているのであろうか。本

来ギリシャ語からきているもので、「外国の」と言う意味であり、ジプシーのもつ魅惑的な要素も含まれ、北国英国から言えば、南国イタリアやギリシャも入るようであるが、アラビア風をも思わせる。その点では、orientが何処を示すのかにも関係する。一般的には、地中海や南ヨーロッパの東方であり、南西アジアあたりとなる。もちろんアメリカでは、ヨーロッパや東半球を指すようである。したがって、E. サイードのオリエンタリズムもヨーロッパが他者として植民地支配をするオリエントに抱くヨーロッパ人の感情や意識のことなのである。つまり、中近東やインドまでであり、中国や日本は極東（Far East）であり、東アジアである。そこでアジアが中近東まで含んでいることはよく覚えていなければならない。インドが出てきたついでに、Hindu教をヒンズー教としているが、正しくはヒンドゥ教である。そしてバラモンと言うが、Brahman（ブラーマン）であり、ムガール帝国と言うが、実際はMogul（モゥガル）である。そしてあのガンジーはGandhiとつづられている。またオホーツクにしても、OkhotskであリΣ、ハレルヤもHalleluiaかAlleluiaである。

巨人軍の四番打者ゴジラ松井やアメリカ版のゴジラ映画以来、怪獣ブームとなっているが、歌手のグループ名としてTriceratopsも出てきた。これは文字通り「三本の角」を持つ怪獣であり、トリケラトプスと言っているが、正しくは「トライセラトップス」と発音する。またあの有名俳優であるケビン・コスナーは英語ではKevin Costnerとtがサイレントなので、綴りか

らは難しいかもしれない。それにしてもシャーロック・ホームズは、Holmesから、どうしてホルムズとならなかったのであろうか。不思議である。恐らく日本語の発音様式からだけではなく、日本への入り方や時期にも関係しているのであろう。

議会parliamentを「パーラメント」と発音するのは、綴りと異なって、"i"がサイレントになっているからであるが、同名のタバコから正しく矯正されるかもしれない。その点ではprincipleとかprincipalの「ci」が「シ」ではなく「サ」となることもある。

最強のヒクソン・グレイシーの率いるファミリーを次々と倒している桜庭で話題のプロレスでは、強い悪役を「ヒール」と言っているが、その綴りはheelであり、卑劣漢であり、下鬆（cad）のことである。これにはhatchet manという言い方もある。その反意語としては、baby face「童顔」を充てていることから言えば、「悪顔・悪魔顔」であろうか。このhomophone（異綴同音）で、区別の難しいhealも、観客の気持ちを「癒す」ことからすれば考えられる。それならばレスラーは観客の病を治す者としてのhealerとなるのであろうか。

指導教師をチューターと呼んでいるが、「巨人の星」であの星飛雄馬とバッテリーを組んだ伴宙太を思い出してしまう。英語の綴りtutorから言えば、その表記は「ティュータ」となるはずである。その点では、「シチュー」もstewの綴りから「ストュー」とすべきである。また同様に、「特攻野郎Ａ team」も「Ａチーム」

とは言っているが、当然「ティーム」である。そう言えば、チップもよく間違うが、chipがチップであり、tipは「ティップ」と表記しなければならない。最近では、コンピュータ・チップから間違いも少なくなっているかもしれない。ところで、タクシーのドライバーにお金を出して「チップ、チップ」と言ったところ、運転手は困った顔で考えた末に、ポテトチップスを買ってきたというアメリカ版ネタ話もある。

Robin Hood「ロビンフッド」を「ロビンフード」と聞いて違和感を感じる人間が、頭巾を「フード」とせずに、正しく「フッド」とすれば、間違っているのではないかと思う人が多いのも事実である。コンドームとしているが、condomという綴りから言えば、コンダムの方がまだ近い。その点では、カクテルも同様であり、cocktailもcockと言うが「雄鶏」ではなく「馬」の尻尾であるから、発音は「カクティル」となるのだが、こちらを間違いとされることであろう。

アメリカでは略語がよく使われるが、日本でもそれに習って略語を使っている。ところがTOEICは間違わないのに、TOEFLはTOEFULと間違いやすい。母音が挿入されて自然に読みやすくなることからくるものであろう。さらに発音や綴りから間違いやすい言葉としては、diaryとdailyとdairyとdearlyとdearyとか、dinnerとdiner、fairlyとfairy、messageとmassage、surelyとsurlyなどがある。よく似てると言えば、sexistとsexiestとがあり、なかなか聞き取ることは難しい。前者は

sexismと関係があり、性差別主義者のことである。後者は飛行機事故で亡くなったJ. F. Kennedy Jr.の形容として使われていたものである。「一番セクシーな人」という意味である。

(5) アクセント等の問題

　言葉はそれなりに独特の発音様式や形式、さらには強勢やアクセントの置き方をもっているので、分からないときにはどうしても母語で培ってきたやり方に従うことになる。英語では音の高低ピッチであるとか、アクセントは名前動後とか、日本語では七五調のリズムとかなどとある。さらに最初に習い覚えた音が流布して定着していくこともある。だから間違いではあっても、それが母語との関係から発音しやすいとか、それが一度定着してしまうと、正しい方には違和感を感じることにもなるのである。

　例えば、インドにBombayがあり、日本語ではボンベイとしているが、英語読みではボン**ベ**イである。確かに、日本語では前にアクセントを置いた方が安定しているのである。ところで最近の地図帳では現地の読み方が重視されてきているようであり、ボンベイは「ムンバイ」と表記されるようになっている。

　ところで、ガダルカナルという太平洋戦争の舞台となった地域があるが、当時からガダルカナルとしてしまっていて、本来の**カ**ナルとは言い難いようである。恐らく日本語のリズムから、移動したのではないだろうか。そう言えば、たけし軍団にはガダルカ

ナル・タカというタレントもいる。

　有名人でもブランド名でも、口の端に乗せてみれば、とてもリズミカルであることから、今の価値が本体そのものの力によるものか、ネェイミングの力によるものか、どちらが先かと考えてしまう。少なくともリズミカルなネェイミングがその価値を高めて、相乗効果を生み出していることは間違いのないところであろう。単なる符丁ではない。

(6) カタカナ語の問題

　コマーシャルや有名人の一言から英語が飛び出し、それが巷間に流布することになり、元の意味や発音から外れて他の意味が付加されて日本語化している言葉として、カタカナ語がある。例えば、異種や雑種でハイブリッドがあるが、コマーシャルの影響から、ガソリンと電気で走る車を「ハイブリッド・カー」として専ら使用されている。細胞のセルラーも携帯電話であり、サプリメントは「補助食品」として使われ、すでに誰もが知っている化学の蒸留器のレトルトは「冷凍食品」のことである。また1999年の流行語大賞では、故小渕首相の突然の「アポなし」電話の「ブッチホン」が選ばれ、さらに西武ライオンズの松坂投手の言葉から「リベンジ」が選ばれていた。スポーツなどの雪辱の機会は、avengeではなく、このrevengeが使われる。その点では、ルール破りの松坂君も社会やメディアからリベンジされることを学ん

だに違いない。

　2000年のシドニー・オリンピックでもこれまでのカタカナ語が問い直されるかもしれない。冬季では、ice hockeyがアイスホッケーではなく、「アイサキ」と発音されて驚く人もいたと思われるが、夏季ではkayakがカャックではなく「カャッキ」と言われていた。

　また最近、職業名の前にカリスマを付けて「カリスマ美容師」などと、ビギナーに対する熟練者として、日本語でのベテラン位の意味で使用されている。veteranには現役を退いている語感があったので、新鮮な響きがしたものだ。もともとは人間離れしている神懸かり的な魅力のことであることから、あまりに安易に使われすぎて、この言葉のもつカリスマ性まで無くしているようである。やはり使用頻度でも言葉に手垢が付いていくことになるのである。

　その点ではカタカナ語も軽くしてしまうようである。漢字は直線が多くて堅く詰まっている感じがするが、漢字を崩したひらがなは直線がほとんどないので柔らかである。その中間にあるカタカナ語は直線が多いが詰まっていないことから、軽さを生み出しているようである。世の中の流れも重厚長大から軽薄短小へと向かうベクトルがあると言われていることから、カタカナ語も一役買っているようである。またカタカナ語へと変化するとき、意味までも変えてしまうことがある。例えば、かつて「切れる」は「切れ者」と使われてきたように「頭が良い」ことであったが、

「キレル」は感情のコントロールが切れて爆発してしまうこととなっている。

その点では、腕白と「わんぱく」や「ワンパク」とは感覚的には異なっている。高知には「ワンパーク・コウチ」が高知港の近くにある。もちろん、腕白「ワンパク」と「パーク」を遊んでいるのだが、カタカナ語はなんとなく軽くて楽しい感じがするから不思議である。

大蔵省に続いて、警察の不祥事で、とても傷つけられた言葉に「キャリア」があるが、日本では、下からの叩き上げの「ノンキャリ」に対して、エリートのことを表している。しかし、英語のcareer発音は「カァリア」であり、「専門的職業、出世」などの意味をもっている。そこでcareer developmentとかcareer upなどとして専門の仕事で出世することを意味しているのである。気をつけないと、英語で「キャリア」と言えば、carrier「運送業者や使者」などのことになる。出世をdevelopmentで表しているが、greenやgrassと関係のある、物理的・量的な拡大を表す古英語のgrowではなく、精神的・質的拡大を表す古フランス語のdevelopを使用していることも考慮すべきことである。ついでながら、日本語で「みどりの黒髪」と表現するが、茶髪のようにミドリに染めている髪ではない。日本語のミドリも英語のgreen同様に、grow（成長）の意味があり、成長著しいつやつやとした黒髪のことなのである。そこで、名前にもミドリと使用されることになるのである。

また定着しているマスコミも、mass media と混乱している節があり、普通 The Media が正しい言い方であり、発音は「メディア」ではなく、「ミーディア」である。ついでながら、三井秀樹氏に Japanism（ジャパニズム）ならぬ、「美のジャポニズム」がある。このように発音する時代が存在していたのであり、とても懐かしい響きである。しかし、英語には Japonica としてツバキや、痴呆（Japanese quince）の意味が入っているにすぎない。

　小説をノベルとして、さらにノーベル賞もあると、表記は伸ばすか伸ばさないかの差だけになる。英語では novel と The Nobel Prize と、全く異なる発音なのである。

　テーマとしてよく使われているが、発音は「スィーム」に近いものである。theme song とか theme tune として、テーマ音楽のことを表しているが、signature tune とも言う。ところが signature song の方は、歌手の代表曲のことなのである。

　映画の題名に『シックス・センス』とあったので、おかしいと思って原題を調べてみると、*The Sixth Sense* となっていた。五感以上の感覚である「第六感」ということになる。中村雄二郎氏はこれをアリストテレースの「センススコムニス」（共通感覚）として捉えている。

第4章　相違見極めシリーズ

　フェルディナン・ド・ソシュールによれば、言語において、ある単語とそれが指し示している事物との間には必然的な結びつきは何もなくて、単語の意味は、他の単語との差異と、そしてその差異を成立させている言語構造によって生まれるのだと説明している。つまり差異こそが意味を生じさせている最大の要素であると言っているのである。そこで、差異を単語ばかりではなく、色々な範囲にまで広げて、どのような構造がどのように差異を生み出しているのかを考えてみることにしたい。

1

> ①　I thought he has his belief.
> ②　I thought he had his belief.

　時制の一致の問題である。時制の一致を受けないのは、普遍的な真理や真実を表す場合であり、①の場合には、「私」は、彼が今も自分の信念を抱き続けていると考えていることを表している。つまり現在をも問題にしているのである。それに対して、②

の場合には、過去の一点ではそう考えていたのだが、今ではそう思っているとは限らないことになる。あるいは現在のことは問題にしていないのである。

2

① It's a small world.
② It's a little world.

　形容詞や副詞には話し手の感情が反映されている。それは話し手と聞き手との意識の差にも関係するが、①ではどうしてもマイナスの要素が感じられ、②はプラスの要素が感じられる。もちろんコンテキストにもよるし、ストレスの置き方にもよるけれども、少なくとも聞き手には、話し手の好悪の感情や価値判断が伝わることになる。ところで、It's a small world! は、ご存じの通り、CaliforniaのAnaheimにあるあのディズニーランドのテーマ館の名前であり、極小ミニチュアの世界である。恐らく、smallと控えめに言いながら、とても精巧に作り上げていることを認めて感動するはずである。その時にはIt's a little world! と表現を変えることになるのである。「ちいさきものみな美し」と清少納言も『枕草子』で言っているように、人間は本能的に小さいものには感動するのであり、極小の美や縮小の美を感得する。

3

> ① Bring me a cup and a saucer.
> ② Bring me a cup and saucer.

①の場合には、別々のものをそれぞれ1つずつ持ってきて欲しいことを意味しているのに対して、②の場合には一揃いのセットになっているものを持ってきて欲しいと区別されているのである。

例えば、A nod is a down and up movement of the head to show that you agree with. の場合にも、「うなずく」とは「頭を下に動かし上に戻る一連の運動」を説明しているものであるが、上下の一体化した運動を考えていることから、a down and up としているのである。

4

> ① Give me a coffee.
> ② * Give me a water.

「コーヒー下さい」と言う場合、物質名詞でありながら、1杯の量がほぼ確定しているので、不定冠詞を使用することができる。その点では、ジュースでも可能である。ところが、水の場合には一定量が決まっていないので使用できない。そこで不定冠詞を使うと非文になるのである。

5

> ① I have no name.
> ② I have not a name.

「我が輩は猫である。名前はまだない」、と夏目漱石は書き出しているが、一体どのように英訳するのであろうか。①の場合のnoはnotよりも強くなっていて、not anyと言い替える。しかし、noをnot aとすると、noよりもさらに強調されることになる。そこで②の場合には、「名前すらない」「名前一つ無い」と訳すことによって①との区別が可能となる。

6

> ① He talked about it.
> ② He talked of it.

①のaboutの場合には、詳しく述べるニュアンスがあり、②のofの場合には軽く付け足すような感じが出てくるので、上辺の話であり、軽く触れたという感じが窺えるようである。

7

> ① It is rather hot.
> ② It is fairly hot.

too hotの場合には迷うことなく、熱すぎることが分かるが、この場合に副詞をそのまま日本語にしたのでは区別がつかないことになる。①の場合には否定的ニュアンスが伴い、②の場合には肯定的ニュアンスがある。したがって、①は熱すぎるのであり、②は好ましい程度の熱さであることを表している。好悪の感情は副詞によって区別が出来るようにもなっている。

8

> ① I don't think anybody is perfect.
> ② *Anybody isn't perfect.
> ③ Nobody's perfect.

anybody等のany～は否定文で主語になることができないので、②は非文となる。その理由は、①の場合にはnotが及ぶ範囲がthink以下になるので成立するが、②の場合にはnotの及ぼす範囲がperfect以下であるはずなのに、ここでは主語のanybodyにまで及ぼすことになるので非文となるのである。したがって、布袋寅泰は③のように歌っているのである。

9

> ① I decided to go abroad.
> ② I determined to go abroad.

どちらも「外国に行くことにした」、「行くことを決めた」のではあるが、果たして結果は同じなのであろうか。現実問題にしても、決意と実行には当然距離がある。つまり、結果まで想定し、決意に沿って実行までを意味している場合にはdecideを使用し、それ以外の場合には、決意したことまでしか表していないのである。したがって、①の場合には実際に行ったのである。

10

> ① She promised me to do the homework.
> ② She persuaded me to do the homework.

①の場合には、「私に宿題をすると約束した」のだが、実際に約束を果たしたかどうかまでを問題にしてはいない。むしろ約束は果たされなかったというニュアンスが、言外に含まれていることすら感じられる。それに対して、②は「私に宿題をするように説得した」となり、約束と説得の相違だけとなっているのだが、この場合には「私を説得して宿題を行わせた」のであり、必ず宿題をしたことまでを問題にしているのである。

11

> ① * Don't be a cry baby.
> ②   Don't be a crybaby.

①は深田恭子主演の『鬼の棲家』というテレビドラマの英語のサブタイトルであり、「泣き虫になってはいけないよ」とか「泣いてはいけないよ」というつもりであろう。しかし、cryには形容詞はないので、形容詞として使っているので①では不充分である。したがって、正しくは②の一語となっているcrybabyと名詞にして「泣き虫」の意味とすべきである。

12

> ① *He got rid of his hat.
> ② He removed his hat.
> ③ He took off his hat.

日本語に訳して、取り除くことでは同じ意味でも、①のget rid of は嫌なものを完全に取り除くことであるから、普通帽子には使えない。何かコンテキストがあって、彼が帽子に対して特別な感情を抱いていれば成立する可能性はあるが、本来は誤りである。そこで、②や③の言い方になる。ラテン語「取り去る」からきている remove は、officialで形式張ったものであるとともに、丁寧な表現でもあり、普段のやさしい言い方であるtake offと対照的である。そしてどちらも「嫌なもの」を取り去ることまでは意味していない。

13

> ① Since you say so, it must be true.
> ② I can't go, because I am so busy.

どちらも理由を表しているが、①のsinceの場合には②のbecauseのように直接的な因果関係を表してはいない。したがって、客観的ではなく主観的な理由でしかない。そこで、since節の場合には力点はなく弱いものであるのに対して、because節は強調される強いものである。since節は旧情報を扱い、because節の方は新情報を扱っているからである。

14

> ① I did not know what tears were.
> ② I didn't know what tears were.

①の文は、Princeがツバメに生前の物理的な意味での幸せな生活振りを説明しているものである。②は、ツバメがプリンスに答えるときの短縮形である。プリンスとツバメは出会って時間が経過していないので、あまり親しくはないと思われる場面である。普通、そんなときには丁寧に話すことが考えられる。さらに、プリンスとして、正しく話すことを教わっていることも考えられる。というのも、Will you not bring her the ruby out of my sword-hilt? とか、Will you not stay with me for one night? にもある

ように、Will you? とか Won't you? とはしないで、丁寧に話しているのはプリンスの言葉遣いを意識しているからである。それに対して、ツバメはプリンスとは対照的であり、丁寧表現を使ってはいない。今風に言うと、プリンスに対して「ため口」をきいているのである。

15

> ① *He reformed his house.
> ② She altered his clothes.

日本では家のリフォームとか、衣類のリフォームなどと使用されているが、英語の reform は「改革」とか「改心」という意味合いであり、He reformed himself.「彼は心を入れ替えた」等と使用するものであり、大袈裟な堅い言葉である。したがって、洋服などの手直しといった軽い場合には②のように alter を使用する。これは一部変化であり、大変化は change を使用する。

16

> ① She is an only child.
> ② She is the only child.

不定冠詞と定冠詞との意味範囲の相違点である。①では one of them であるから、「一人っ子」は何処にでもいるという前提が

ある。他人とか子供の方から言えば、この様な言い方になる。それに対して、②では「唯一の」という範囲から、身内側から、特に親の方からの言い方となっている。

17

① We don't need Peeping Tom.
② We don't need Peeping Toms.

②は英国での「出歯亀」＝「のぞき」を禁止する看板である。①の場合に比べると、何度も何度も覗いてくる存在や何人も存在していることを想定している表現と考えられる。

18

① I'll be there.
② I'll go there.

①は安室奈美恵の歌詞であるが、いずれも「行くよ」位の意味である。しかし、②の「行く」という動作動詞を使用していると、行動に意志と力点とが置かれる。それに対して①は「存在」であるから、そこにいることが自然であり、柔らかな優しいニュアンスが感じられる。また分かり切っている be は省略することもできる。I'll be back in 5 min. の場合には Back in 5 min. が普通である。しかし、かつて風靡した映画に、Be up high school! があ

ったが、これは「学校ではハイにやろうぜ！」という命令である。

19

> ① He is a schoolboy.
> ② He ís.

同じbe動詞でも、使い方によって強く読まれる場合と、弱い場合がある。②のように、後ろに省略がある場合には強くストレスが置かれる。①の文の場合、特別な文脈や強調以外では、強く読まれることはない。

20

> ① I know him.
> ② I knew him.

ここには「私」と「彼」の関係が表れている。know of (about)でないので、2人は直接の知り合い関係である。さらに、現在形では「彼」は生存していて、今も知り合いであるのに対して、過去形の場合には「彼」は亡くなっていることになる。日本語では、偉人を知っている、と言うが、亡くなっているのだから、過去形であり、間接の場合がほとんどであるから、「～について」「～という名前」を知っていることなのである。

21

> ①　He is on the stage.
> ②　He is in the stage.

①では舞台の上にいるばかりではなく、演技者として出演していることを表しているのである。②のinでは単なる場所でしかなく、①のonは従事中を表している。

22

> ①　He is a thinker.
> ②　He is a believer.

①は考える人であり思想家であるのに対して、②は宗教家や信仰家のことである。

23

> ①　Unemployed!
> ②　unemployment

抽象名詞と具体的な現実を表す形容とは当然その抽象度が異なっている。したがって、よりビビッドに訴えかけるのは具体的な形容である。それ故に失業者のプラカードにはunemployedと書かれているのである。その点ではfriendshipとfriendly feeling

やintimacyとintimateも語感は全く異なっている。

24

> ① Don't forget you!
> ② Don't forget yourself!
> ③ Don't forget about it, you!

①は歌の題名である。命令では主語はyouであるので省略する。本来、目的語に入るのも不自然である。入れるのであれば②のように再帰代名詞として使用するか、③のように、呼びかけとしてyouを使う場合がある。

25

> ① The accident occurred at midnight.
> ② The accident took place at midnight.

①は災難が起こっていることが特定されるけれども、②は一般的なことや良いことが起こっていることを表している。

26

> ① I'm in a very good shape.
> ② She has a slender shape.

②は「すらりとした体つき」であるが、①の shape も体型が良いと思い込んでしまうけれども、実は体調が良いことである。

27

> ① Prefer the familiar word to the fancy.
> ② Use the plain words.

familiar は良く知られていることから、「慣れた」であり、fancy はその反対に「凝った」という意味である。だから familiar の反意語が fancy でもあることになる。ニュアンスは異なるが easy とか plain も使用できる。

28

> ① One Bush was enough!
> ② One Bush is enough!

①は米国の大統領予備選挙でのプラカードに書かれていた言葉である。父親のブッシュだけでもうたくさんだ、と言う意味であり、過去形が面白い。②の場合には、今2人のブッシュが立候補しているニュアンスがある。それにしても、これほど伯仲した大統領選挙があっただろうか。フロリダ州がまさに全国区いや世界区になってしまった。これだけ IT 革命の中にもかかわらず、機械の読み取りではなく、手作業でやると言う。面白いのは、手作

業だとゴアが有利となり、機械だとブッシュが有利となるという、お互いの誤差の問題なのだ。機械にも、そして人間にも限界があることを知らされている。

29

> ① I dropped in Ken and Mary's house.
> ② I dropped in Ken's and Mary's house.

どのような家に立ち寄ったのであろうか。①ではKenとMaryの家であるから、一軒の家であるのに対して、②はKenの家とMaryの家の両方に立ち寄っているのである。

30

> ① She is all smiles.
> ② She smiles sweetly.

静的状態と動作で区別される。①は「私」の視点から彼女を客観的に見ているので、彼女の意識的な能動性があまり感じられないのに対して、②は彼女が能動的に働きかけているように感じられる。

31

> ① The stew tasted sour.
> ② He tasted the water and it was sweet.

自動詞と他動詞の面白い差違であるが、tasteするのはあくまでも人であるので、①の場合にはどことなく違和感がある。

32

> ① She came here at last.
> ② She came here after all.

同じようにやって来たにも関わらず、「私」には全く違って感じているのである。①の場合には、「私」は彼女が来ると思っていたか、来て欲しいと願って待っていたのであり、「やっと来た」という気持ちである。②の場合には「私」は彼女が来ないかもしれないという前提がある。結局、挙げ句の果てにやって来たのである。

33

> ① Have you ever eaten sushi?
> ② Have you ever had sushi?
> ③ Have you ever tried sushi?

一般的と考えられている①は、直接的であることから、一番荒っぽい言い方であり、「食う」というニュアンスが感じられる。それに対して、②と③は丁寧な言い方になる。さらに②は寿司に違和感を感じていない。あるいは好意的に受け取っている。その点、③はこれを食べることが初めてか、あるいは幾分違和感を持っているニュアンスが感じられる。

34

① Common sense.
② Common prostitutes.

　①はすでに中村雄二郎氏によって、「常識」から「共通感覚」へと解釈が変化している。ところが②は「共通」ではなく、notoriousや知れ渡っている、という意味で「常習」となってくる。その点では、addictやhabitualやconfirmedの「常習者」とは異なっている。また大学の食堂はCommonsと呼ばれている。

35

① I feel so nervous.
② I got nervous on the stage.

　Sydneyオリンピックでも、nervousがよく使われていたが、

NHKの訳語でも、決して「神経質」とか「いらいらする」などは使われていなかった。辞書の訳語としての「あがる」とか「不安」もなかった。かつてのことを考えると一段と成長していることが窺える。すべて「緊張している」と統一していた。ところで、スタートの前の日本語なら「用意!」とするところを、"Take your mind !" としていたが、"Have your mind !" も使われていて、これらは "Turn your mind !" のように「精神集中!」と言っていることになる。

36

① It's strong sake(=hard liquor).
② She has a stern look.
③ He has hard work.
④ She fastened the belt tightly.
⑤ He was a severe critic.
⑥ It's a tough stake.

「きつい」とか「厳しい」とよく使われているが、hardかtoughかsevereか、様々であり、きちんと整理しておく必要がある。ちなみに、肉の固いことは、toughと表現する。

37

> ① ＊ I'm just a woman fall in love.
> ② 　I'm just a woman fallen in love.

「金妻」、すなわち『金曜日の妻たち』というドラマの主題歌であるが、歌いやすくするためか、①のように表記していた。正しくは②の方であり、「私だって恋する女よ!」くらいの意味であろう。

38

> ① 　Fish has come.
> ② 　Fish is come.

①は釣り具メーカー「シマノ」のコマーシャルコピーである。「来た!」「釣れた!」という表現である。それに対して、②は時間的猶予があり「魚が掛かっている（釣れている）」という表現である。

39

> ① 　The car of the year
> ② 　a car of the year

①は自動車メーカーの受賞した賞をコマーシャルにしたコピー

に使われているものである。「その年一番の自動車」という賞名のことである。それに対して、②はその年に作られた車の1台という意味である。

40

> ①　the Occident and the Orient.
> ②　the level of oxident.

最後に遊んでみよう。①は西洋と東洋であり、the west と the east の方がよく使われるので、特に前者には違和感があるようである。Occident とはラテン語で「太陽が落ちるところ」であり、Orient は「日が昇るところ」である。NHK の大河ドラマ『北条時宗』でも問題になっているところである。西洋、東洋を問わず、このように意味化して呼称してきたのであるから、目くじらをたてるのもどうかと思うが、沈む方は釈然しないのであろう。中には、かつて公害全盛時代の光化学スモッグでのオキシダント濃度のことを思い浮かべる人がいるかもしれない。②のように音は同じでも、つづりは異なっている。

あとがき ── 個別性から匿名性へ ──

　かつて「考現学」が流行やトレンドをネットに網掛けしていることから、現代人の内奥にある潜在意識や願望をサーチするコマーシャリズムの中に取り込まれていったことは、決して悲しむべきことではない。それだけこの方法が現在を切り取っている証だからである。確かに、コマーシャリズムという響きには、いかにも見え透いた欲望刺激であり、浅薄で一時的な表層にすぎないとの思い込みがある。しかし、表層といえども、全体の一部でありながら、全体イメージを抽象するものであることから、全体を物語る顔であり、まさに「全体」そのものという考え方までできるのである。しかも、この研究がエンドレスな営みであることを知れば、単なる現象の表象でないことは明らかである。

　現象には社会と時代の特性やそのエネルギーの契機となるべき存在、つまり動かす人と動かされる人がいるが、そのベクトルがさらに影響力をもってフィードバックして働きかけるという、インタラクティブでパラサイト的な流れに漂流しているだけではなく、広さと深さをもって動いているものなのである。したがって、現在を捉えることは、過去からの経緯と現在の状態と未来の動向を見据えていくことになるので、人間の大きな物語を語るためには、この研究はどうしても必要なことなのである。

　「英語考現学」として日本語の中に入っている英語をサーチし、

あとがき ― 個別性から匿名性へ ―

トレンドや流行や特徴をクロスアップしてフォーカス化していくことは、単に英語の動向のみならず日本語の動向をも知ることになり、それを通しての文化を比較することにもなり、異質な部分を抽出し特定することになる。それは一面から言えば、区別化や差別化であり、より異質化や個性化を促進することになることも意識していなくてはならない。我々は誕生以来、無意識から意識化の道を歩み続け、それを成長とし「暗黒からの旅立ち＝人間化への道＝神からの離脱」としてきた。ただし、それは人間としての視点であり、神の視点からいえば、それは退化や堕落の道であり、「暗黒への旅」であったのである。このように両方向的な視点があることを忘れてはならない。

ところが、環境問題が先駆けたように、生態論的なエコロジカルな発想や共存共生、あるいは「響生」、世界的経済金融からのグローバルな視野では、個別性や異質性を超越して生存する必要性が強く問われるようになっている。むしろ個別性や異質性は邪魔なのである。我々はオメガトライブを目指してはいけないのであり、地球的規模の生存でなければならないのである。そこで、故郷を求める者のくちばしは黄色いのであり、故郷は日本でもなく、故郷は地球なのである。「エリアは地球です」と言いながら時期尚早としてか倒産したモバイル通信もあったが、プリンシプルとしては首肯させるものである。その時、英語考現学ではいかにも狭い領域と思われるかもしれないが、武力戦争や経済戦争を超えて、英語は世界戦略の武器であり、英語抜きには語れない現

実があるので、常にローカルな存在である視点からのグローバルな視野という猪瀬邦子氏のいう「グローカル」な理想的な融合的視点しか人間には与えられていないからである。そのために単眼ではなく、両眼が与えられ、さらに複眼が指向されているのかもしれないのである。

　散見される英語を考現としてクロスアップすれば、それは大きな海の中にいる小さな魚を自己の恣意的偏見レンズを通してフォーカスしていることになる。そして、その魚を通して大きな海を見ていることになるので、実際の魚でない「見える魚」を通して見えない全体を「見ている」のであるから、見えていると思い込んでいるだけの、いわばすべて偏見の「想像」なのである。しかし、それでもそれだけしか与えられていない存在には、そこから見るしかないのである。そこで個性や異質性も超越した視点や視野である公平無私の態度、disinterestednessが求められることになる。つまり、普遍性とか一般性とか匿名性が求められることになる。この私的個から始まりながら、普遍性を生み出していく、この矛盾のダイナミズムこそ、人間に与えらた物語るという行為なのである。

　今、「モーニング娘」が、まるでアミーバーのように、全体として、またある時は小グループの「ミニモニ」、「タンポポ」として、さらには「個」の単体として離散集合しつつ、ブレイクしている。なぜなのか。「トレンドウォッチャー」を自認する私には当然の如く「モー娘（ムス）」の区別はついているのだが、ある程度の年

あとがき ── 個別性から匿名性へ ──

になれば、年齢的なことからくるのか、興味の度合いからくるのか、区別はつかないようである。彼女たちをプロデュースしているのは「つんく」である。彼なりの特別性と個別性を強く意識して数々の戦略を取っている。これを称して、Rising Sonの「進化するイチロー」同様に、「モー娘(ムス)」も「進化」なのだそうである。

確かに、そう言われるのも当然である。そういえば「浜崎あゆみ」も「EVOLUTION」を出しているが、「外に向かって進展していく」という意味で、21世紀は「進化」の時代と言えるかもしれない。進化なくして、人類の未来はないのかもしれない。しかし、むしろ内面に向かって深化していく世紀とする考えから言えば、進化も退化も視点次第であり、その結果としては逆の効果が生み出されることもある。まずキャンペーン公募制で一般多数庶民の中からの選択であり、その一般人が歌手としてデビューしていく過程の中では、発声練習から歌やダンスの振り付けなどの厳しい練習をカメラで映して広く知らせる。それが歌曲とともにheavy rotationにかかり、普通なら秘密とされる部分まで公開される。

そこでは悩み苦しむメンバーの普段の姿、一般人となんら変わることのない姿が明らかにされている。メンバーも個人ではなく複数にして、そのメンバーを絶えず入れ替え、2000年の四月にも四人加わってなんと総勢10人にしたり、赤組、青組、黄組として他のグループメンバーとも自由自在に組み替えてシャッフルしている。まるでアミーバーのような生態を取らせている。その

スパンが短いとともに、めまぐるしい短期決戦なので、恐らく気をつけていないと判別不可能になってしまう。すべては「つんく」の手の内にあり、チーム自体の個別性や特別性は否定され続けているようであり、イメージを固定化させないので、彼が一般人との異質性ではなく同質性を求めていて、最終的には「匿名性」を目指しているように思われてくるのである。この庶民性や一般性が、彼の日本戦略であり、アジア戦略であり、あるいはそれ以上の世界戦略のように思われてくるのである。

　欠点が優位点にも、長所が短所にもなるという両方向的な二重性もあるように、探偵の変装がかえって目立たせるように、流行やトレンドが個性を際立たせるものではなく、むしろ個性を隠滅し、自己を埋没させるための手段にもなり得ることになる。目立ちたいと願って、長時間の化粧の末の「ガングロ」娘が、親にも見分けられないほど、個別性をなくしてしまうことになっているとは皮肉なものである。それ故、情報（intelligence）伝達センターであるテレビという媒体が、視聴者のローカル性を奪い、脱個別性や特別性や方言の標準語化の一翼を担っているとすれば、それはある種の矛盾であるが、進化の方向だけに進展しているように思われていることが、個別意識や偏狭意識を促進させるとともに、かえって孤独や繋がりを失う方向に現代人を向かわせているように思われる。言葉は悪いがかつての名言、「1億総白痴化」に貢献していることになるのである。究極の目的が根無し草でもあるコスモポリタンとすれば、これ以上の手段はないのだが、し

かし、バーチャルな世界的規模の共同体意識を優先するばかりに、顔の見えるリアリティのある偏狭な共同体意識を犠牲にしたものではないはずである。

　生態論的に、生態が進化成長して、ピークに達し、そのターニングポイントから退化還元に向かっていくように、無意識から意識化・個性化へと向かっていた自我がいつしか後退と退化へ向かっているのか、あるいは振り子現象のように一方に振り切った振り子が反転していることを、これらの匿名性が象徴していることは疑いようがないのである。このようなベクトルのエネルギーを背後で担い、象徴しているものが言葉であることから、言葉の考現を続ける意義があり、その現象から人間を考察していくところに考現学が成立するのである。

　本書の出版にあたっては、前著の『ボキャ・プレからの翻訳ワークショップ』（1999.5）に続いて、大学教育出版にお世話になりました。特に佐藤守氏には、今回も適切なアドバイスを頂いて、読みやすい、美しい著書に仕上げて頂きました。心より感謝申し上げます。

　　平成13年5月1日　　　　　　　　　　　　　　小比賀　香苗

■著者紹介

小比賀　香苗（おびか　かなえ）

　専門：イギリス文学、特にイギリス現代小説の方法と認識の方法、
　　　　および英米児童文学、英語考現学。
　現在　高知大学教授

■主な著書・訳書・論文

『ボキャ・プレからの翻訳ワークショップ』（1999、岡山、大学教育出版）
『E. M. フォースターのファンタジーの方法』（1994、広島、渓水社）
『E. M. フォースター　紫の封筒』（1992、東京、成美堂）
『児童文学のすすめ』（1996、広島、渓水社）
『英米文学点描』共著（1990、広島、渓水社）
その他、M. Arnold、W. Wordsworth、E. M. Forster、英語考現学関係の論文多数

現住所　〒780-0915　高知市小津町10－41
　　　　高知大学宿舎242号
E-mail address　obika@cc. kochi-u. ac. jp

英語から日本が見える

2001年9月10日　初版第1刷発行

■著　者——小比賀香苗
■発行者——佐藤　正男
■発行所——株式会社 **大学教育出版**
　　　　　　〒700-0951　岡山市田中124-101
　　　　　　電話 (086) 244-1268　FAX (086) 246-0294
■印刷所——サンコー印刷㈱
■製本所——日宝綜合製本㈱
■装　丁——ティーボーンデザイン事務所

Ⓒ Kanae Obika 2001, Printed in Japan
検印省略　　落丁・乱丁本はお取り替えいたします。
無断で本書の一部または全部を複写・複製することは禁じられています。

ISBN4-88730-452-8